高齢者の筋力トレーニング

安全に楽しく行うための指導者向け実践ガイド

都竹茂樹 [著]
Tsuzuku Shigeki

講談社

はじめに

こんな効果が!!

「10年間使っていたこの杖が…、要らなくなりました!!」
「今は北海道一周に取り組んでいます。見てください、私の脚を！ このカモシカのような脚が私の宝物なんです。後期高齢者の青春です」

　2008年、NHKの人気番組『ためしてガッテン』で、筆者が携わっていた教室参加者の方たちが紹介されました。実施した運動は、自分の体重を負荷にし、4秒間かけてゆっくり実施する筋力トレーニング3種目を2年間。
　効果があったのはこの方たちだけではありません。毎週1回の教室を3か月間、それ以外は自宅で毎日筋力トレーニングを実施してもらった結果、平均年齢70歳を過ぎた男女の筋肉の厚みは増加し、内臓脂肪や腹囲は減少するなどの効果が得られました。その他にも、HbA_{1c}やコレステロールなどの血液検査でも改善効果が認められました。一方、普段通りの生活を送っていた同年代の男女の筋肉は減少していました。いわゆるサルコペニア（骨格筋減少症）です。血液検査も改善しませんでした。
　また筋力トレーニングを実施したことで、階段の上り下り、バスの乗り降りが楽になった、家族や知り合いから姿勢が良くなったと言われたなどの声も寄せられました。このように「適切」な筋力トレーニングは、何歳になっても人を変えることを示唆しています。文字通り "Never too late" です。

　このように紹介すると、
「高齢者に筋力トレーニングなんて危険じゃないか？」
「ウォーキングで十分じゃないの？」
「膝痛や腰痛の人はどうするの？」

「筋力トレーニングはマシンを使わないと無理でしょう。でも、マシンを使った筋力トレーニングは、指導者が必要だし、コストもかかる」
「運動なんてほとんどは三日坊主。そもそも参加したのは、やる気満々の人たちじゃないか？」
「効果は期待できるとしても、運動の専門家ではない保健師、栄養士が教えられるの？」
といった疑問や不安が多数寄せられます。

確かに、「適切」ではなく「適当」「やみくも」では効果は期待できません。それどころか、怪我をするリスクも増えます。膝や腰などに問題のある方なら、なおさらです。またマシンを使えばコストはかかりますし、その恩恵を享受できる高齢者は限られてしまいます。教室に参加される高齢者も、すべてがやる気満々というわけではありません。「介護予防」なんて言葉は他人事、家族や周りに勧められて断り切れず参加されている、言い換えるならモチベーションがそれほど高くない高齢者もたくさんみえます。それに、ほとんどの保健師さんや栄養士さんは、自分が運動指導をするなんて思っていなかったと思います。

私は医師・研究者として、これまで6,000人を超える方たちに筋力トレーニングを指導し、その効果を検証してきました。さらには、保健師さんや栄養士さんはじめ運動指導の経験のない方に、「教え方を教えて」きました。

結論から言うと、**この本で書かれている筋力トレーニングを高齢者に指導するのに、運動指導経験は必須ではありません**。手順に沿って実践していけば、モチベーションが高くない高齢者に対しても、

● 安全に
● 効果が期待でき
● 時間・コストの面でも効率的（回り道をさせない）
● 誰もが筋力トレーニングをやってみたくなる、続けてみたくなる魅力的な

支援をすることは可能です。その成果の一例は冒頭で紹介した通りです。

本書では、筆者が実際にやっている教室の準備から実施、終了後の支援までのノウハウはもちろんのこと、実際に講演で使用しているスライドを公開しています。加えて、そのまま教室で使用できるエクササイズDVDも作成しました。

読んで、見ているだけでは変わりません。実際に本書の通り、順を追って実践してみてください。きっと新しい発見、そして今までとは違った結果が得られるはずです。

本書が高齢者の方たちの健康づくりに役立てば本望です。

最後に終始励まし、惜しみない協力で本書の出版を実現させてくださった講談社サイエンティフィクの国友奈緒美さん、いつも教室でお世話になっている兵庫県豊岡市、三重県四日市市、教室の関係者・参加者の皆さま、出版の機会を与えていただいた熊本大学学術出版助成、そして1998年より筋力トレーニングの効果の検証、指導法の開発と普及にともに取り組んできた東海学園大学梶岡多恵子教授には、心から深く感謝の意を述べたいと思います。

2013年9月

著者　都竹茂樹

本書に掲載の写真のいくつかは、兵庫県豊岡市のご厚意のもと、ご提供いただいたものです。p.18（右側2点）、p.19、p.30（A）、p.50、p.60、p.63、p.107

CONTENTS
目次

はじめに iii
付属DVDの使い方 x

理論編 1

第1章 高齢者にこそ筋力トレーニングを 2
1.1 年々減少する筋肉 2

第2章 筋力トレーニングの効果 7
2.1 高齢者の筋肉量や内臓脂肪量へ及ぼす影響 7
2.2 筋力トレーニングをすると身長が伸びる? 11
2.3 なぜ自分の体重を負荷にした筋力トレーニング
    なのか? 12
2.4 なぜウォーキングだけじゃダメなの? 13

実践編 17
筋トレ教室の流れ 18

第3章 筋トレ教室の計画と準備 20
3.1 5W2H+Eとは 20
3.2 メディカルチェックの実施と評価法 27
3.3 体力テストの実施と評価法 30

高齢者の筋力トレーニング
安全に楽しく行うための指導者向け実践ガイド

第4章　参加者の気持ちを引きつける講義 36
- 4.1　プレゼンテーションの5つの注意点 36
- 4.2　講義の「出だし」での「つかみ」 39
- 4.3　講義の"E＋P＋V＋C"とは? 40
- 4.4　"伝わる"プレゼンテーションを目指して 42
- 4.5　参加者を引きつける「スライド」作り　1　運動編 44
- 4.6　参加者を引きつける「スライド」作り　2　食事編 54

第5章　実技教室を成功させるコツ 61
- 5.1　筋力トレーニングの指導で大切なことは何か? 61
- 5.2　「4秒ゆっくり筋トレ」8種目（DVD収録）........ 66
  - エクササイズのプログラム例 68
  - 〈基本編〉
  - スクワット 70
  - 膝あげ 74
  - ボールつぶし（胸と腕）........ 78
  - 〈下半身編〉
  - 内ももの運動 82
  - 太もも裏の運動 86
  - 膝のばし 90
  - 〈ヒップアップ編〉
  - お尻あげ 94
  - 脚あげ 98
  - ボールの膨らませ方 102

CONTENTS
目次

第6章　継続のコツ **104**
6.1　3つのポイント 104

参考文献 **111**
索　引 **112**

p.44〜59は、講義で使えるスライド＆シナリオ集になっています

コラム

- 震災避難所における運動 6
- 比べる相手は「昔の自分」 33
- 資料は事前に配布する? 38
- 自信を持って話す 42
- 質問の機会をいかす 43
- グループワークの勧め 60
- なぜ基本は3種目だけなのか? 63
- 筋力トレーニングは安全か? 65
- なぜイスを使うのか 73
- 筋力トレーニングは前だけで十分? 77
- ボールは4秒かけて押しつぶす 81
- 「無理をしないで」の一言がすべてを台無しにする 81
- ストレッチは必要? 85
- エクササイズのときに音楽は必要ですか? 89
- エクササイズ種目のネーミング 93
- 尿失禁(腹圧性尿失禁) 97
- デパートは格好の筋トレ場所 101

付属DVDの使い方

必ずお読みください

プレーヤーにDVDを挿入すると、トップメニューの画面が表示されますので、ご希望の項目を選択してください。

「基本編」の「説明＋実践編」を選択すると、基本編3種目を通しで見ることができます。

「全部みる」を選択すると、「基本編」「下半身編」「ヒップアップ編」の全種目の内容を、すべて止まらずに見ることができます。

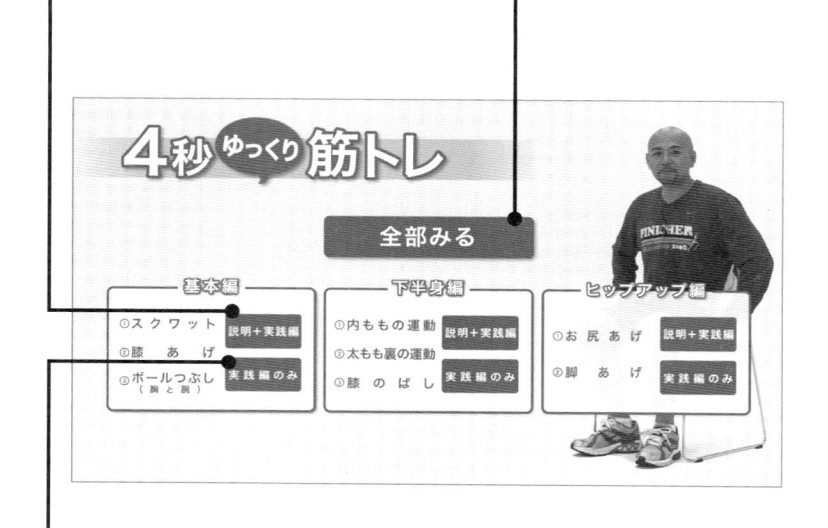

「基本編」の「実践編のみ」を選択すると、実践編のみを通しで見ることができます。

「下半身編」「ヒップアップ編」についても、それぞれ「説明＋実践編」または「実践編のみ」を選択することができます。

DVDの内容

基本編
① スクワット（本書のp.70が対応）
② 膝あげ（本書のp.74が対応）
③ ボールつぶし（胸と腕）（本書のp.78が対応）

下半身編
① 内ももの運動（本書のp.82が対応）
② 太もも裏の運動（本書のp.86が対応）
③ 膝のばし（本書のp.90が対応）

ヒップアップ編
① お尻あげ（本書のp.94が対応）
② 脚あげ（本書のp.98が対応）

【注】
- 付属DVD-VIDEOの収録時間は約45分です。
- 一般のDVDプレーヤーあるいはDVD-VIDEO再生に対応したパーソナルコンピュータなどでご覧になることができます。
- 無断での複製、放送、上映、レンタル、公衆送信を行うことは、法律で禁止されています。

DVD制作スタッフ

出演●都竹茂樹　　撮影・映像編集●アークベル株式会社

※本DVDは熊本大学学術出版助成を利用して制作されました。

理論編

理論編では、高齢者に筋力トレーニングが必要な理由、筋力トレーニングの効果について、エビデンスを交えながら紹介します。理論編を理解することで、教室の参加者が「やってみよう!!」と思えるような説明もできるようになります。

第1章 高齢者にこそ筋力トレーニングを
第2章 筋力トレーニングの効果

理論編

第1章 高齢者にこそ筋力トレーニングを

学習目標
1. 筋肉量が過度に減少したときの弊害を説明できるようになる。
2. なぜ高齢者に筋力トレーニングが必要かを説明できるようになる。
3. 加齢に伴って太りやすい体質になる理由を説明できるようになる。

1.1 年々減少する筋肉

　筋肉量は20～30歳代がピークで、それ以降は日常生活程度の負荷では、年々減少すると言われています。そして加齢に伴って筋肉量が減少することをサルコペニア（sarcopenia）と呼びます。
　では、筋肉量が過度に減少すると、どのような問題が生じるのでしょうか（**表1.1**）。

表1.1　筋肉量の減少に伴う弊害

（1）筋力の低下	（5）転倒のリスクが増加
（2）基礎代謝の低下	（6）関節痛の発症・悪化
（3）体型がくずれる	（7）医療費の増加
（4）姿勢が悪くなる	

（1）筋力の低下

　筋肉量の減少に伴って、筋力が低下します。その結果、階段の上り下りや荷物を持って歩くなど、これまで当たり前にできていたこと（ADL：Activities of Daily Living、日常生活動作）が、徐々にできなくなってきます。このようなADLの低下は、高齢者の喪失感、後ろ向きな考え方、うつや引きこもりの原因になることもあります。また引きこもることで運動量が減少すると、さらなる筋肉量の減少、肥満のリスクも高くなります。

（2）基礎代謝の低下

　私たちのカラダは運動しなくても、心臓を動かしたり、呼吸をしたり、体温を維持するためにエネルギーを消費しています。これを基礎代謝といい、1日に消費するエネルギー量の約70％を占めています。なかでも筋肉は一番多くのエネルギーを消費しているため、筋肉の減少に伴って基礎代謝も減少します。その結果、太りやすい体質になるだけでなく、体重が増加することで糖尿病などの生活習慣病発症のリスクも増加します。

（3）体型がくずれる

　メリハリのある引き締まったカラダのラインは筋肉のおかげです。たとえば鎖骨下にある大胸筋が衰えると、バストラインはどんどん下垂してきます。ヒップも同様です。臀部（お尻）の筋肉が衰えるとヒップがドンドン垂れ下がり、横に大きく広がってきます。このように筋肉量が減少することで、体型はくずれていきます。

（4）姿勢が悪くなる

　腸腰筋など体幹の筋肉が衰えてくると、本来あるべき骨盤が立った状態（**図1.1左**）を維持できなくなり、後傾してしまいます（**図1.1右**）。その結果、背中と膝が曲がり、お腹のつき出た「年寄りくさい」体型になってしまいます。姿勢が悪くなると、外見が老けて見えるだけでなく、内面の気持ちもついつい後ろ向きになります。

図1.1　骨盤の変化

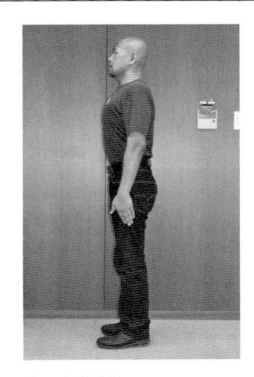

立った状態　　　後傾状態

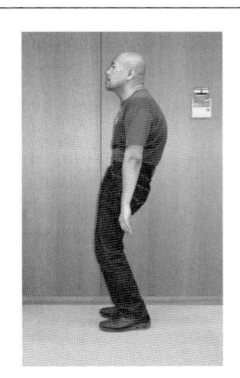

(5) 転倒のリスクが増加

腸腰筋など体幹の筋肉の衰えは、すり足歩行の原因となり、つまずいて転倒するリスクも増加します。

(6) 関節痛の発症・悪化

筋肉は縮むときだけでなく、伸ばされるときも力を発揮し、関節への衝撃を吸収、和らげてくれます。筋肉量が減少することで、関節への負担は増加し、膝関節や股関節の痛みが出現するリスクが増加します。また、(1) 筋力の衰えや関節痛に伴う運動量の低下や (2) 基礎代謝の低下に伴う肥満や体重の増加が、より関節痛を悪化させ、ますます運動量は低下するという悪循環に陥ります。

(7) 医療費の増加

転倒によって骨折すると、場合によっては入院・手術が必要になることもあります。また、生活習慣病や膝をはじめとする関節の痛みによる通院・治療も、医療費増加の原因にもなります。

このような筋肉量の減少（サルコペニア）に端を発する負のスパイラルを断ち切るためには、筋肉量の減少を先送りする、そして筋肉量を維持・増加することが不可欠です。そのために「手っ取り早い」方法が筋力トレーニングです。本書が、「高齢者にこそ筋力トレーニングを」と勧める理由はここにあるのです。

> **まとめ**
>
> 加齢に伴う筋肉量の減少によって、筋力の減少をはじめとするさまざまなリスクが増える。

Q&A コーナー

Q　食べる量は若い頃と変わらないのに、昔のズボン、スカートがはけなくなるのはなぜか？

A　p.3 の（2）で紹介したように筋肉量の減少に伴って基礎代謝が減少します。すなわち若いときのようにはカロリーを消費できなくなります。**言い換えるなら、加齢に伴って、太り「やすい」体質になるのです。**そのため、使われずに余ったカロリーは脂肪として蓄積され、その結果、腹囲が増加します。

Q　体重は若い頃と同じなのに、昔のズボン、スカートがはけなくなるのはなぜか？

A　すでに上のQ&Aで説明した通り、筋肉量の減少に伴って基礎代謝も減少、その結果、若い頃に比べて体脂肪量や腹囲が増加します。昔のズボン、スカートがはけなくなっても当然ですね。

ではどうして体重は変わらなかったのか？　それはたまたま減少した筋肉量と増加した体脂肪量が相殺されたからに過ぎません。カラダの中身は若い頃と大きく異なるのです。このような理由から、筆者は体重よりも腹囲の維持にこだわるようお勧めしています。

よく「筋肉が脂肪に変わった」と言いますが、筋肉組織が脂肪組織に変化することはありません。あくまで筋肉が減って、その一方で脂肪が増えたに過ぎません。誤解のないように。

加齢に伴い太りやすい体質になります。体重は同じでもカラダの中身は若い頃とは異なります

コラム

震災避難所における運動

　東日本大震災時、筆者が当時勤務していた高知大学からも避難所に支援キット「防災缶iBOUSAI」を送ることになり、避難所でも実施できる「1日5分筋トレ」のポスターも同梱しました。

　なぜなら、避難所にいるとボランティアがいろいろやってくれますし、外出もせず避難所内でジッとしがちなので、身体活動量は減少します。その結果、筋力は急速に低下し、動くことがますますおっくうになったり、エコノミークラス症候群と呼ばれる脂肪塞栓を発症するリスクも高くなります。

　かといって、避難所にトレーニングマシンを持ち込むこともできませんし、音楽をかけてエアロビクスのような運動をすることも大変です。

　そこで避難所で、自分たちだけでも実施できるようにと、自分の体重を負荷にした筋力トレーニングとストレッチの方法をまとめたポスターを送ったのです。ポスターを避難所のあちこちに貼っておけば、気がついたときに少し筋力トレーニング、それを見た人がマネをして徐々に筋力トレーニングが避難所で広まっていく。そんな願いをこめて、ポスターを贈りました。

ここに支援メッセージを入れました

［提供：東京法規出版］

> 理論編

第2章 筋力トレーニングの効果

学習目標
1. 筋力トレーニング実施による高齢者の筋肉量や内臓脂肪量の変化を説明できるようになる。
2. なぜマシンではなく、自分の体重を負荷にした筋力トレーニングを実施するかを説明できるようになる。
3. 高齢者の運動として、ウォーキングでは不十分な理由を説明できるようになる。

2.1 高齢者の筋肉量や内臓脂肪量へ及ぼす影響

　本章では、実際に筆者が行った「筋トレ教室」の結果を紹介しながら、筋力トレーニングの効果を説明していきます。

(1) トレーニング内容と頻度

　筆者の行う「筋トレ教室」では、マシンを使わず、「自分の体重を負荷」にした筋力トレーニングを行います。各動作ゆっくり4秒かけて丁寧に行うことがポイントです（**図2.1**）。

　本章でご紹介する「筋トレ教室」では、自分の体重を負荷にした筋力トレーニング3種目（スクワット、腹筋、腕立てふせ）を、1年間・毎日実施しました。

　参加者は、高齢女性30名。「筋トレ教室に参加したい」と自らの意思で申し込んでみえたモチベーションの高い方たちで、自立した（寝たきりではなく、身の周りのことはすべて自分でできる）生活を送っている方々です。

　参加希望者の方を、こちらで無作為＊に筋トレ群と非実施群15名ずつに分けました。筋トレ群は1年間の筋力トレーニングを、非実施群は筋力トレーニ

＊ 参加者をこちら（主催者）の都合や思惑で恣意的に割り付けてしまうと、筋力トレーニング以外の要因が結果に影響する（バイアス）可能性が出てきます。そのような事態を避けるため、無作為に筋トレ群、非実施群に分けました。このような方法をRCT（Randomized Control Trial）と呼び、介入研究の基本的手法です。

図2.1 トレーニングの内容

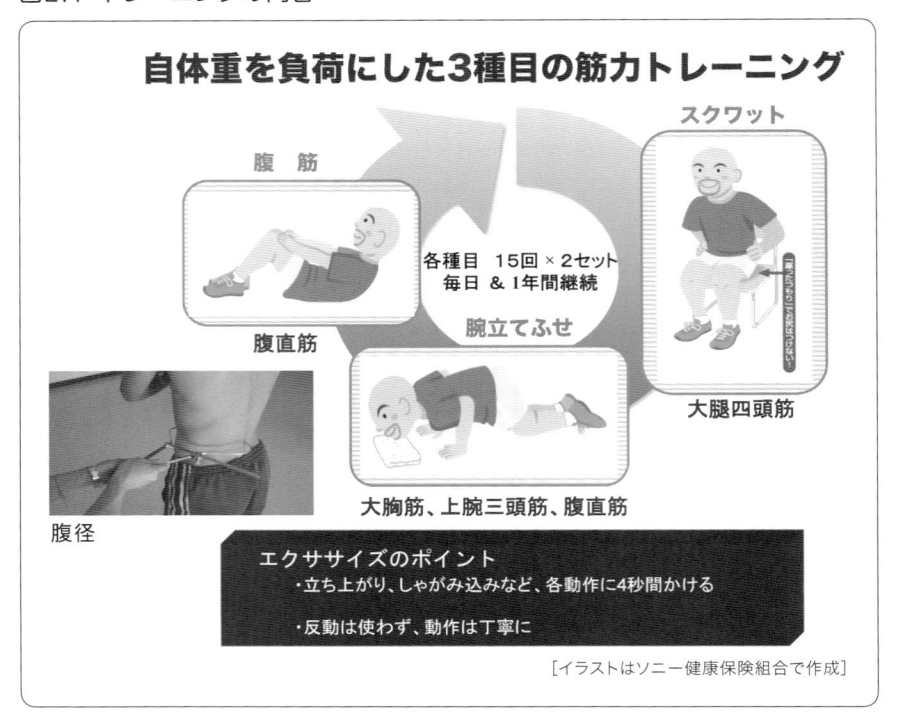

自体重を負荷にした3種目の筋力トレーニング

- 腹筋（腹直筋）
- 腕立てふせ（大胸筋、上腕三頭筋、腹直筋）
- スクワット（大腿四頭筋）

各種目 15回×2セット
毎日＆1年間継続

腹径

エクササイズのポイント
・立ち上がり、しゃがみ込みなど、各動作に4秒間かける
・反動は使わず、動作は丁寧に

［イラストはソニー健康保険組合で作成］

ングを行わず普段通りの生活を送っていただき、それぞれ開始前と1年後に測定しました。

測定項目は、体脂肪率（DXA法*）、体重、体脂肪量、上腕、腹囲、大腿部の周囲径、内臓脂肪面積と相関するお腹の厚み（腹径）、超音波による太もも前面の筋厚・皮脂厚、腹部の内臓脂肪厚、皮下脂肪厚です。そのほか、食事内容や1日あたりの歩数などもチェックしました。

（2）筋トレ教室の結果

筋力トレーニングを1年間実施した「筋トレ群」の体重、BMI、体脂肪率、体脂肪量、腹径（お腹の厚み）、上腕周囲径、臀部周囲径は、統計学的に有意に減少していました（**表2.1**）。

一方、筋力トレーニングを実施せずに日常生活を送った「非実施群」は、統計学的に有意な変化は認められませんでした。

筋トレ群の変化は、食事やウォーキングなどの有酸素運動の影響があるのでは？と思われるかもしれません。しかし**表2.1**の下2行にあるように、3日間の平均摂取エネルギー量と1週間の平均歩数には、両群とも有意な変化が認められませんでした。

---

* DXA法（dual-energy X-ray absorptiometry：二重X線吸収法）は、X線を使って骨量・体脂肪量などを測定する方法で、体組成の評価においてゴールデン・スタンダード（絶対基準）とされています。

表2.1 筋トレ教室の結果（筋トレ群、非実施群の1年間の変化）

	筋トレ群（n=15）		非実施群（n=15）	
	開始時	1年後	開始時	1年後
年齢（歳）	72.2±1.7		73.3±1.7	
体重（kg）	50.6±4.9	49.3±4.5**	51.1±7.9	50.7±7.7
BMI（kg/m²）	23.3±2.2	22.7±2.2*	22.7±2.5	22.5±2.6
体脂肪率（%）	32.7±4.3	31.1±5.0**	30.9±6.4	30.5±5.9
体脂肪量（kg）	16.6±3.2	15.4±3.4**	16.1±5.3	15.8±4.9
腹径（cm）	21.1±1.8	19.5±1.8***	20.5±3.5	20.3±3.3
上腕周囲径（cm）	27.4±2.1	26.5±2.1*	27.1±2.4	26.9±2.3
臀部周囲径（cm）	90.7±4.3	89.1±3.9**	88.7±4.7	88.3±5.2
摂取エネルギー量（kcal）	2066.2±562.6	1813.9±348.7	1981.9±472.9	1899.7±337.7
歩数（歩／日）	5588.4±2284.6	5407.9±2374.7	5962.5±2754.0	5951.4±2293.4

平均±標準偏差
BMI：Body Mass Index
対応あるt検定　*：$p<0.05$、**：$p<0.01$、***：$p<0.001$。各項目、開始時に2群間に有意な差は認められなかった。

図2.2 腹囲と腹部の脂肪（内臓脂肪と皮下脂肪）の変化

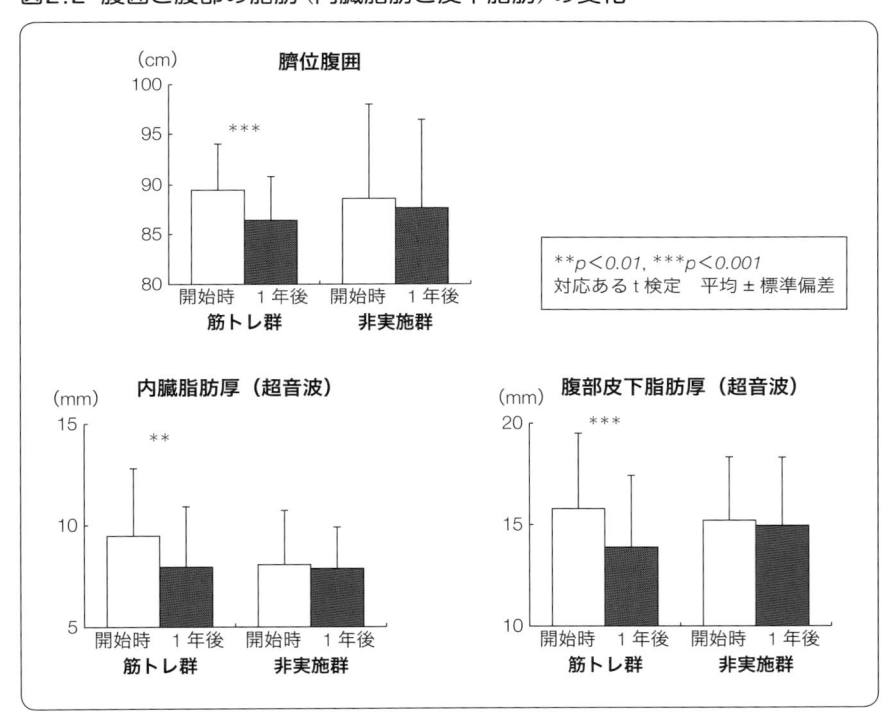

　言い換えると、摂取エネルギー量を減らしたり、歩数を増やさなくても、筋力トレーニングの実施によって体脂肪は減り、サイズもダウンするのです。
　腹囲や超音波による内臓脂肪厚、腹部皮下脂肪厚についても同様で、筋トレ群はすべての項目において統計学的に有意に減少し、一方の普段通りの生活を送っていた筋力トレーニング非実施群では変化が認められませんでした（図2.2）。

図2.3 大腿部の変化

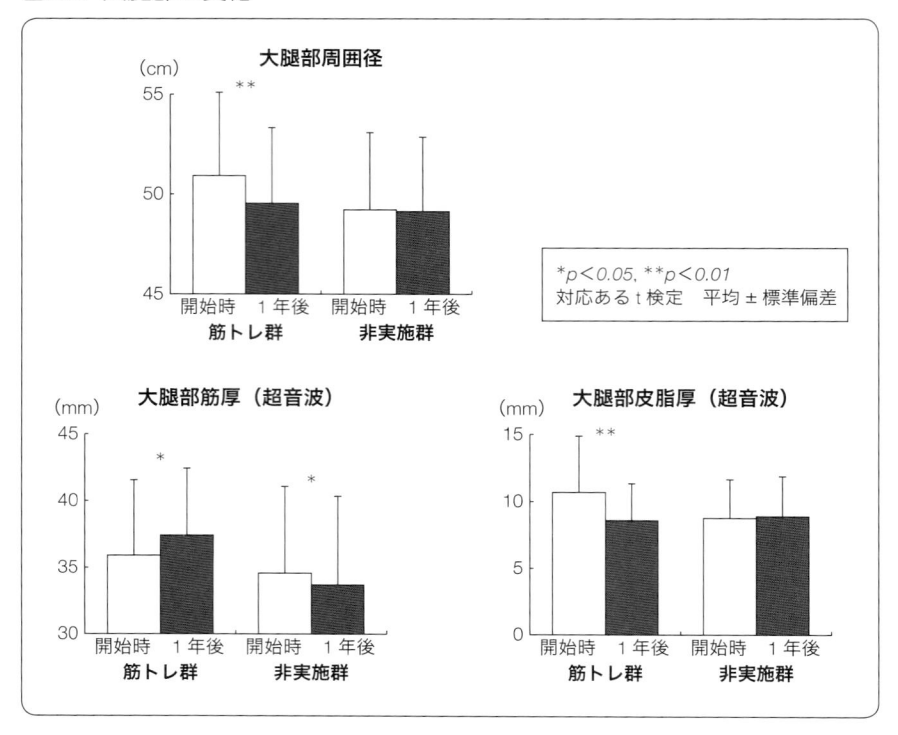

では、**大腿部の筋肉量**の変化（**図2.3**）はどうでしょうか？

筋トレ群は現状維持どころか、増加しています。そして脂肪の厚みとサイズ（周囲径）は減少しています。これは加齢に伴って細くなった、すなわち衰えたのではなく、「引き締まった」ことを意味しています。

その一方、日常生活のみの筋力トレーニング「非実施群」では、大腿部の筋厚が約10％減少しています。当然、筋肉の減少は大腿部だけでなく、腹部や背部はじめ全身で起こっているはずです。

その結果、基礎代謝の低下を招き、太りやすい状態をもたらすのみならず、筋力低下から膝痛の誘発、ADLの低下、引きこもりなどにつながることが憂慮されます。さらに、この結果は、歩くだけでは高齢者の筋肉量は減少すること、筋肉量の維持・増加には、筋力トレーニングが不可欠であることを示唆しています。

まとめ

70歳を過ぎると、歩くことを含めて普段通りの生活だけでは筋肉は衰える。
しかし、「適切」な筋力トレーニングで筋肉を刺激すれば、筋肉は増加する。内臓脂肪も減少し、生活習慣病のリスクも減らす効果が期待できる。

2.2　筋力トレーニングをすると身長が伸びる？

さて、みなさんに質問です。

Q．筋力トレーニングをすると身長が伸びるでしょうか？
A．1．伸びる　　2．変わらない　　3．縮む

「若い頃に比べて身長が3cm、4cm縮んだ」という高齢者は珍しくありません。身長が縮むのは、ある意味「正常」な加齢現象です。

しかし、加齢とともに身長が伸びたとしたら？

本書で紹介している筋力トレーニングを3か月間実施した高齢者のグループでは、開始前に比べて身長が平均約1cm近く伸びました。

その一方、筋力トレーニングを行わず、普段通りの生活を送った同年代の高齢者のグループは特に変化がありませんでした（3か月という短期間ですから、縮みもしませんでした）。

もちろん測定時に背筋を伸ばしたわけではありません。加齢とともに押しつぶされた背骨や椎間板が、筋力トレーニングによって若い頃のように「復活」したわけでもありません。

ではどうして、たった3か月で身長が伸びたのでしょうか？

それは、何もしなければ私たちの腹筋（腸腰筋、インナーマッスル）は加齢とともに衰え、その結果、骨盤は後傾し、背中が曲がり、身長も縮んでしまいます（p.3 **図1.1**）。

しかし、筋力トレーニングをすることによって腹筋の力がついて、骨盤も本来の位置（ポジション）となり、結果的に身長が伸びるのです。

そして、その効果は単に身長という客観的な数字が増加するだけでなく、姿勢が良くなって、見た目も明らかに変わるのです。周りからも「最近若返ったんじゃない？」と言われる機会が増えます。そうなると、自信とやる気がわいてきて気持ちが前向きになり、ほかにもいろいろとやってみたくなります。カラダが変われば、心も変わるのです。

> **まとめ**
>
> 「高齢者が筋力トレーニングをすると身長が伸びるかどうか」の答えは、
> 「1．伸びる」。
> 　身長が伸びる
> 　姿勢が良くなる
> 　その結果、気持ちが前向きになる。

2.3　なぜ自分の体重を負荷にした筋力トレーニングなのか？

　筆者は「筋トレ教室」で、自分の体重（自体重）や、小さなボールやクッション、ペットボトルを負荷にした筋力トレーニングを勧めています。その理由は、「いつでも」「どこでも」「安価」に実施でき、より多くの方が取り組めるからです。

　筋力トレーニングはレジスタンストレーニングとも呼ばれ、筋肉に抵抗・負荷（レジスタンス）をかけるトレーニングの総称です。筋力トレーニングの負荷・抵抗は、バーベル、ダンベル、マシン、チューブやバランスボール等の器具に加え、自分の体重（自体重）、ペットボトルやクッションなどの日用品、水中エクササイズにおける水など、多種多様です。

　筋力トレーニングは、もともとはボディビルディングやスポーツ選手の補助トレーニングとして行われていましたが、近年は健康増進、生活習慣病やサルコペニア、変形性膝関節症など整形外科的疾患の運動療法としても注目されるようになってきました。

　欧米では高齢者であっても、マシンなど大がかりな器具を使った筋力トレーニングが主流です。しかし、**筆者は自分の体重（自体重）と小さなボールやクッション、ペットボトルを負荷にした筋力トレーニングを積極的に推進しています。**

　筆者自身、学生時代にパワーリフティングという競技をやっており、また医師になってからはアスレティックトレーナーとして、オリンピックレベルの選手たちに筋力トレーニングを指導していた経験もあります。バーベルやダンベル、マシンの利点や適切な指導法は熟知していますし、高齢者が安全かつ効果的、効率的に実施できるプログラムを作成することも難しいことではありません。そんな筆者がなぜマシンやダンベルではなく、自分の体重（自体重）やボールを負荷にした筋力トレーニングを推進するのか？

　それは、より多くの高齢者に筋力トレーニングを実施してもらい、いつまで

も元気でいてもらいたいからです。

まず、マシンを使った筋力トレーニングには以下のような問題点があります。
- 「夫が寝たきりで、私が病気になるわけにはいかないんです」と、老々介護をしている高齢者はジムに通えるか？
- 移動の足がない高齢者は、ジムまで頻繁に通えるか？
- マシンで高齢者が筋力トレーニングをするときには、基本的に付き添いが必要となり、膨大な人件費の負担がかかる。すなわち、コストがかかる。その結果、高齢者向けの健康増進事業も継続できなくなるのではないか？
- マシンを補助金で設置できた自治体はともかく、そうでない自治体に住む高齢者はどうするか？

このように、マシンを使った筋力トレーニングを第一選択肢にしてしまうと、筋力トレーニングの恩恵を等しく享受できないという問題が出てきてしまいます。

その点、自分の体重（自体重）やボールを負荷にした筋力トレーニングは、
- **特別な道具を必要としないので、「いつでも」「どこでも」「安価」に実施できる**
- **屋内（自宅）で実施できるので、天候や場所の制約がない**
- **自分の体重が負荷なので、関節への負担が少なく高齢者にも適している**
- **「適切」な方法で行うと、自分の体重やボールが負荷であっても筋肉は肥大する**

といった特長があります。2.1節（p.7）で紹介したように、マシンでなくても「適切」に実施すれば効果は期待できますし、より多くの高齢者が実施することができるのです。

このような理由で、筆者は自分の体重（自体重）を負荷にした筋力トレーニングを中心に推進し、それ以外にもやってみたいという方に対してだけマシンによる筋力トレーニングを勧めるようにしています。

2.4　なぜウォーキングだけじゃダメなの？

「高齢者に筋力トレーニングなんてとんでもない。ケガをする危険性が高すぎる」。

1998年に高齢者向けの筋力トレーニング本を出版した当時、多くの専門家の先生方から言われました。その頃の高齢者向けの運動といえば、ウォーキングをはじめとする有酸素運動が主流でした。

ウォーキングだけじゃダメなんでしょうか？

結論から言うと、ベストな選択は**筋力トレーニングとウォーキングの併用**です。しかし、運動習慣のない方がいきなり両方の運動を始めるのは、心理的にも体力的にも負担が多すぎます。

では、有酸素運動と筋力トレーニングの効果にどのような違いがあるのでしょう。それを示したのが**表2.2**です。

糖尿病や高脂血症などの運動療法として、ウォーキングをはじめとする有酸素運動の効果は広く知られています。しかし、加齢に伴う筋肉量の低下（サルコペニア）や変形性膝関節症などを予防・改善するには、ウォーキングでは負荷が弱すぎるのです。また膝の痛みがある方が歩くと、かえって症状を悪化させかねませんし、雨や雪の日に外を歩くのも危険です。5000歩をクリアしようとすると1時間近くかかるので、毎日実施することは現実的とは言えません。脂肪の燃焼という結果が出始めるにも3か月程度かかるので、そこまで頑張れないという方も少なくありません。

その点、筋力トレーニングはウォーキングほどではないにしても、糖代謝・脂質代謝の改善に効果があることが明らかにされていますし、筋肉量の増加には最適の運動です。

また効果を体感できるまでの期間も、お腹周りや太もも周りが引き締まった

表2.2 筋力トレーニングと有酸素運動（ウォーキング）の比較

	筋力トレーニング	ウォーキング
糖代謝	○	◎
脂質代謝	○	◎
脂肪の燃焼	○	◎
サルコペニア	◎	―
変形性膝関節症	◎	―
負荷	自体重・マシン	自体重
時間	短い	長い
場所	自宅・屋内（ジム）	屋外・屋内（ジム）
天候	左右されない	屋外なら雨天時はできない
コスト	0（ジムなら有料）	0（ジムなら有料）
指導者	自体重なら不要（ジムなら必要）	不要（ジムでも不要）
リスク	△	△
効果を体感できるまで	着衣感　1, 2週間	脂肪燃焼　3か月

◎：非常に効果あり　　○：効果あり　　―：効果は期待できない

「気がする」といった着衣感の改善であれば1、2週間と、かなり早い時期から体感される方もみえます。安全性についても本書で紹介しているような適切な方法で実施、対応すれば、特に問題はありません。

　筆者は、運動習慣のない方の場合、最初の1か月は筋力トレーニングのみ、そして筋力トレーニングが習慣化されてきた2か月目からウォーキングを新たに追加しています。

> **まとめ**
> 1. ベストは筋力トレーニングとウォーキングの併用
> 2. 筋力トレーニングから始めて、慣れてきた頃にウォーキング

実践編

実践編では、筋力トレーニングの正しい指導法の習得、教室を安全に実施するためのメディカルチェックに加えて、教室を効果的・効率的・魅力的に展開するためのスライド作り、プレゼンテーションの方法を、実例を挙げながら紹介していきます。

第3章 筋トレ教室の計画と準備
第4章 参加者の気持ちを引きつける講義
第5章 実技教室を成功させるコツ
第6章 継続のコツ

筋トレ教室の流れ（モデルパターン）

筋トレ教室の準備段階から、教室当日、成果発表会までの流れを示しました。
まず、最初に、全体の流れをつかんでいきましょう。

事前準備 → 教室当日

1. 教室の企画（5W2H+E）
   → 3.1節（p.20）

2. チラシ作成
   → 3.1節（p.23）

3. 参加者の募集・決定
   → 3.1節（p.23）

4. 事前のメディカルチェック
   → 3.2節（表3.4）（p.27）

5. 教室の受付・メディカルチェック
   → 3.2節（表3.5）（p.28）

6. 講話（座学）
   → 4章（p.36）そのまま使えるシナリオ付き

7. エクササイズ
   → 5章（p.61）、DVD

8. 事前体力テスト・質問紙
   → 3.3節（p.30）

自宅で

9 ゴールシートの記入
（ゴールの設定）
→ 6章（p.104）

10 エクササイズを記録
→ 6章（表6.1, 6.2）（p.108, 109）

11 食事を記録
→ 6章（表6.1, 6.2）（p.108, 109）

成果発表会当日
（3か月後）

12 受付・メディカルチェック
→ 3.2節（表3.5）（p.28）

13 振り返り
→ 6章（p.107）

14 事後テスト・アンケート
→ 3.3節（p.30）

筋トレ教室の流れ 19

実践編

第3章 筋トレ教室の計画と準備

学習目標
1. 筋トレ教室の計画・準備にあたって必要な「5W2H＋E」を、実例をあげながら説明できるようになる。
2. メディカルチェックの必要性と内容を説明できるようになる。
3. 体力テストの必要性と内容を説明できるようになる。

実際に筋トレ教室を始めるにあたって、まずは何から準備をすればいいのでしょうか？

筆者は、教室（事業）をいきなり始めたりはせず、

1. まず5W2H＋Eを明確にしたうえで（表3.1）
2. 参加者の絞り込みと募集
3. 教室の開催
4. 1か月後、3か月後、6か月後に評価
5. 1年後の長期評価
6. 評価して計画通りに進んでいない場合、改善できる点はすぐ対応。評価と並行して成果の普及・啓発

と進めていきます。

3.1 5W2H＋Eとは

事業を企画したり、相手に物事をもれなく伝えるためには、「**いつ**（When）、**どこで**（Where）、**誰が**（Who）、**何を**（What）、**なぜ**（Why）、**どのように**（How）」という6つの要素（5W1H）を網羅しておくと良いとされています。筆者はこの5W1Hに、**いくらで**（How much）と**評価**（Evaluation）を加えた、**5W2H＋E**を常に意識して事業（教室）を企画するようにしています。

以下に、**なぜ（Why）**、**誰が（Who）**、**何を（What）**、**いくらで（How much）**、**どのように（How）**、**いつ（When）**、**どこで（Where）**、**評価（Evaluation）** の順で書き出した例を示します（表3.1）。

（1）Why

まず事業（教室）の目的やゴール、解決したい課題、言い換えると「**どうしてこの事業（教室）が必要なのか？**」を明確にします。このWhyの部分が曖昧だと、それ以降の、いつ（When）、どこで（Where）、誰に（Who）、何を（What）、どうやって（How）、いくらで（How much）実施し、評価するか（Evaluation）など、すべてが曖昧になってしまいます。

ただ、例で紹介した「高齢者の医療費を削減」はあまりに大きすぎる目的なので、Why2として、「運動をする高齢者を増やす」、「ロコモティブシンドロームの高齢者を減らす」や「生活習慣病の高齢者を減らす」ことで「高齢者の医療費を削減」といったように目的・ゴールをどんどん小さく（チャンクダウン）していきます。

（2）Who

事業（教室）の目的・ゴールが決まったら、次は**誰をターゲットにするか**を明確にします。これが1つめのWhoです。

自立した高齢者なのか、要支援・要介護状態にある高齢者なのか。疾病は持っているのか？ 疾病といっても、変形性膝関節症、四十肩、五十肩、変形性股関節症、腰痛などの整形外科的疾患や、糖尿病、高脂血症、高血圧などの内科的（慢性）疾患などさまざまです。その他にも、○○地区に住んでいる、老々介護をしている、車など会場への移動手段がない高齢者などがあります。

しかし、ここで筆者が強調したいのは、「**これまで事業（教室）に参加しなかった高齢者**」、「**介護予防や病気は他人事、自分だけは大丈夫！と思い込んでいる高齢者**」のリクルートです。全体から見ると多数派を占めるこれらの層を事業（教室）に取り込み、そして結果を出すことが、地域での健康づくり・介護予防を成功させるうえで不可欠です。特にこれからの団塊の世代は明らかにこれまでの高齢者とは違います。この方たちをどのようにして、事業（教室）に取り込むか。このあたりは、これまでとは異なったアプローチを考える必要があります。

たとえば、参加してもらいたいけど、これまで参加してくれなかった高齢者にインタビューをして、どうして参加しないのか？ 何を変えれば参加を検討するか？ などを直接聞いてみることをお勧めします。

2つめのWhoは、**誰が支援・指導するのか？** 保健師や健康運動指導士といった専門家だけで支援・指導することも可能ですが、予算が限られている場

表3.1 5W2H+Eを意識した教室の企画

5W2H+E	説明	例
Why1	事業(教室)の目的は？ ゴールは？ どうしてこの事業(教室)が必要なのか？	高齢者の医療費を削減
Why2	Why1をより小さく(チャンクダウン)	運動する高齢者を増やす ロコモティブシンドロームの高齢者を減らす 生活習慣病の高齢者を減らす
Who1	対象は誰？ どんな人に参加してもらいたい？	元気な高齢者 団塊の世代 ○○地区の高齢者 要支援の高齢者 ふだん教室に参加しない高齢者 「介護や介護予防」は自分とは無関係と思い込んでいる高齢者
Who2	誰が支援するの？	保健師 健康運動指導士 住民ボランティア
What1	事業(教室)に参加して、何をやってもらいたい？ どうしてもらいたい？	長期および各回の計画 (表3.2、3.3)
What2	教室の名称やチラシ	ボディデザインスクール ―カラダの引き締めかた教えます―
How much	コストは？	無料、全額自己負担、一部自己負担
How1	どうやって宣伝、周知する？	チラシや広報誌 老人会 口コミ ケーブルテレビ
How2	どうやって実施する？	対面指導(個人もしくは集団) 文書による支援 両者のブレンド
When	いつやるの？ 頻度は？	昼間、夜間 週に1回、月に1回
Where	どこで実施する？	保健センター 公民館 廃校になった小学校の体育館
Evaluation	どういう結果が出れば達成できたと判断する？(短期、中期、長期)	短期(1か月)： 　教室参加者50人 　筋力トレーニング継続率80% 　腹囲平均2cm減少 中期(3〜6か月)： 　筋力トレーニング継続率70% 　腹囲の減少維持 　血液検査 長期(1年以上)： 　寝たきり高齢者の2割減 　要支援・要介護の移行率が3割減 　＋中期の指標

合、住民ボランティアを募集・養成し、活動してもらうという方法もあります。ただボランティア養成講座の参加者の中には、自分のために参加し、いざ支援・指導となったら辞退される方もみえます。筆者の経験では、教室に一受講者として参加し、効果を実感した方の中からボランティア希望者を募り、指導者へと養成した方が、継続率も相手への伝わり方も良いように感じています。

(3) What

Whatは大きく2つに分けて考えます。

①**1つめのWhatは、何をやってもらうか？** です。支援する側としては、あれも伝えたい、これも伝えたいという気持ちになると思います。しかし、詰め込みすぎはかえって混乱を招きます。いろいろと紹介したけど、結局誰も何もやらなかったという事態になりかねません。

ポイントは「物足りないかな」と感じる程度にとどめておくことです。たとえば筋力トレーニングの場合、筆者は最大でも3種目、時間が限られているときはあえて1種目しか紹介しません。その理由は、たくさんの種目を中途半端に紹介し、間違った方法で実施すれば効果が期待できませんし、物足りないくらいのほうが継続しやすいからです。その代わり、紹介したすべての種目を自宅に帰って1人ででも「確実」に実施できるよう指導します。筆者はあらかじめ長期と各回の計画を立てるようにしています（**表3.2、表3.3**）。

②**2つめのWhatは、事業（教室）の名称やどういうチラシを作成するか。**

表3.2 筋トレ教室全体の流れの例（長期計画。毎週実施の場合）

回数	エクササイズ	スタッフ	内容
1週目	スクワット ボールつぶし	保健師 運動指導員	・プログラム実施の目的、ゴールを伝える（講話） ・参加目的のグループワーク ・ゴールシート、アンケートの配布
2週目	膝あげ	保健師 運動指導員	・安全管理について（講話） ・1週間の振り返り ・ゴールに関するグループワーク ・体力測定
3週目	3種目の復習	保健師 運動指導員	・食事について（講話） ・体力測定の結果返却
中　略			
8週目	新しいエクササイズ	保健師 運動指導員 管理栄養士	・2か月間の変化に関するグループワーク ・栄養士による専門的な栄養講話
中　略			
12週目	新しいエクササイズ	保健師 運動指導員	・成果発表会 ・3か月間の変化に関するグループワーク ・体力測定

（兵庫県豊岡市の教室運営マニュアルを筆者加筆）

表3.3 筋トレ教室1回目の進め方

【準備物】	
講話用	パソコン、プロジェクター、スクリーン（ない場合は白布）、ポインター
グループワーク用	付箋、白紙の紙、鉛筆、マジック
個人配布用	ゴールシート*、問診票、筋力トレーニング解説リーフレット、血圧記録メモ
備品	自動血圧計（2台）、ボール（30個）、空気入れ、エクササイズDVD、個人配付資料予備（5部）、血圧計の使用手順ポスター、運動中止基準ポスター
【実施要領】	
\<td colspan="2"\> 1. 受付で血圧記録メモを配布。血圧測定後に記入してもらい、保健師がチェック。 2. 待ち時間にアンケートに記入してもらう。 3. 教室の目的、効果を、スライドで紹介（保健師による講話）。 4.「なぜ、参加しようと思ったのか。目標」についてグループワークを行う。 5. グループワークで出た意見を発表してもらい、皆で共有する。 6. 休憩 7. エクササイズの実施 8. 休憩 9. ゴールシート*の記入法を説明 10. 次回の説明をして終了 　・次回から最初に血圧測定するよう説明 　・体力測定を実施するため、靴を履いてくるよう伝える 　・体組成測定を実施するため、脱ぎ着のしやすい靴下で参加するよう伝える 　・痛みなどが出た場合は、すぐに連絡するよう連絡先を伝える	

＊　ゴールシート：p.105
（兵庫県豊岡市の教室運営マニュアルを筆者加筆）

筆者はこの教室の名称やチラシにこだわります。「教室の中身が良ければいいじゃないか」という意見もあります。しかし自治体が実施する「介護予防教室」「転倒予防教室」に参加するのは、意識の高い、危機感を持った、そして教室に参加して「お勉強」するのが大好きな高齢者で占められています。もちろん全高齢者の8割、9割がこのような方たちであれば、「介護予防」や「転倒予防」という文言も有効でしょう。しかし、残念ながらこのような方たちは少数派です。Whoで述べた団塊の世代や「介護予防や病気は他人事、自分だけは大丈夫！と思い込んでいる高齢者」という"多数派"に参加してもらって、結果を出さなければ事業（教室）の成功はあり得ません。

　ではどうすれば、人は事業（教室）に参加するのか？　筆者は、

「おやっ！？」と注意を引きつけ
　　　↓
「自分に関係ありそう」と興味を持ってもらって
　　　↓
「これくらいなら出来そう」と思ってもらえる

図3.1 筆者の作成したチラシの例

内容を提示して、初めて参加を検討してもらえると考えています。

　図3.1は筆者が実施している事業『ボディデザインスクール』のチラシです。ポイントは、疾病や介護といった文字をあえて入れないようにしています。また文字数もできるだけ減らしてイラスト中心にし、「引き締め」と外見・見栄えを前面に出した文言、そして１日10分という短時間など、より多くの高齢者が興味を持つ、そして、これくらいならできそうと思えるような内容にしています。このようなチラシで募集をすると、これまで事業（教室）には参加しなかったという方が多数申し込まれます。

　必ずしも外見や見栄えを前面に出す必要はありませんが、ターゲットに据えた高齢者が、「おやっ」「自分に関係ありそう」「これくらいなら出来そう」と思うような見せ方は必須です。これまで皆さんが作成してきたチラシを見直し、ターゲットにした高齢者が自ら「参加したい」と思わせる文言やイラストなどの情報が踊っているか？　を、ぜひ一度チェックしてみてください。

（4）How much

　有料よりも無料のほうが多くの参加者が集まりそうですが、安易に申し込む

人が増えて、結果的に継続率が下がる場合もあります。全額は無理としても、この程度なら払っても良いかなぁと思ってもらえる料金に設定し、**少しは自腹を切ってもらったほうが継続してもらえます**。自治体の中には、教室の参加費は無料にして、筋力トレーニングに使うボールの実費だけを支払ってもらうというやり方をしているところもあります。

（5）How
　1つめのHowはどうやって事業（教室）を宣伝、周知するか。今はインターネットによる告知も一般的になってきましたが、高齢者はまだまだチラシや広報誌などが一般的です。Whatの項で紹介したチラシの他にも、成功事例を写真入りで紹介すると参加率はグンと高まります。顔写真を出すことをお願いしたら断られるのではと心配されるかもしれませんが、成功した方はこちらが驚くほど受け入れてくださいます。また口コミは良い意味でも悪い意味でも影響力が大きいものです。以前参加して満足した方がみえたら、その方に積極的に紹介してもらうようにするのも良い方法です。
　2つめのHowは事業（教室）の運営方法です。対面でやるのか、その場合は個人指導か、それとも集団で行う教室形式なのか。また対面指導は1回だけで、あとは文書（手紙やeメール）による支援なのか、ケーブルテレビやラジオを使った啓発なのかを明確にする必要があります。条件・状況に応じて対応しますが、筆者が結果を出しやすいと感じているのが、

1．**毎週1回、教室形式で集まって運動し、残りの日は自宅で実施**
2．**最初の1回だけ教室形式で集まって、実施する運動を習得する。あとは自宅で実施**

のいずれかで、個別指導は原則行いません。その理由は、個別指導では対応できる人数が限られてしまうのと、教室形式に比べて個別指導のほうが必ずしも結果が出やすいわけではなく、むしろ1対1の個別指導は参加者に緊張感を強いて楽しくないことが多いからです。

（6）When
　参加者の参加しやすい時間帯を設定します。高齢者が対象の教室は、だいたい昼間に開催します。頻度はHowのところでも述べたように、毎週1回、毎月1回など状況に応じて設定します。
　ただ、毎週開催する場合、地元の担当者（地区の区長さんやリーダー格の住民など）がよほど頑張らないと、なかなか続きません。これまでの筆者の経験でも、地区の区長さんの頑張りに教室の成否が左右されることが少なくありませんでした。しかし、これでは一部の人だけに負荷がかかりすぎて、結果的に長続きしません。当番制にしたり、仕事を分担する、役の期限を決めるなどし

て負荷を分散させることをお勧めします。また毎週実施する場合は、同じ曜日や時間帯に固定したほうが参加しやすくなります。

（7） Where

公民館や保健センター、廃校になった小学校の体育館などを使います。年間を通して実施する場合は冷房や暖房の有無、スクワットを実施する場合は椅子があるかどうかを確認するようにします。補聴器を使用するなど耳の遠い方も見えるので、小さな部屋であってもマイクは使うようにします。

（8） Evaluation（評価、評価基準）

綿密に計画を立てれば、それで十分と思われるかもしれません。しかし、**評価基準を「あらかじめ」設定しておき、事業（教室）の効果を定期的に評価する**ことで、予定通りに進んでいない場合でも、致命傷になる前に立て直すことができます。また事業（教室）の担当者も評価されることを常に意識して計画を立て、実施するようになるので、事業（教室）の質は高まり、結果的に成功する確率が高まります。

評価するにあたって、**短期（1か月）では参加申込者の人数、筋力トレーニングの継続率、腹囲の変化**などが良い指標となります。1か月後の評価で筋力トレーニングの継続率が当初の目標を下回った場合は、脱落した高齢者を個別に支援したり、グループワークを増やして皆で実施できる方法を一緒に考えるなどして、早め早めに対応します。このような評価と改善を繰り返すことが、事業（教室）を成功させる近道です。

中期（3か月から6か月）では筋力トレーニングの継続率や腹囲、血液検査の変化を調べ、長期（1年以上）では、中期の指標に加えて寝たきり高齢者の割合や医療費、参加者の要支援・要介護への移行率（不参加者との比較）を調べることをお勧めします。

3.2　メディカルチェックの実施と評価法

自立して生活している、会場まで歩いてこられるから安全・安心かというと、必ずしもそうではありません。大丈夫と思っていても、「何かある」のが高齢者です。だからといって、極力無理をしないようにすれば、運動後に何か不都合が生じることはありませんが、効果も期待できません。加齢とともに衰えていくだけです。

大切なのは、リスクを評価して、それに応じて運動の量や種類をさじ加減すること。それだけでトラブルを大幅に減らすことができます。

（1）問診

筆者は教室に初めて参加してもらうときには、まず**表3.4**のようなチェックリストに目を通してもらっています。このチェックリストは、高血圧、糖尿病、不整脈、悪性腫瘍、肺気腫、虚血性心疾患、心不全、腎不全、変形性膝関節症、骨粗鬆症、座骨神経痛などに特徴的な症状を網羅しています。そして1つでも該当する項目があれば、医療機関を受診してもらって、筋力トレーニングの可

表3.4 教室参加にあたってのチェックリスト

教室参加にあたってのチェックリスト			
氏名		記入年月日	

- ☐ 現在、治療中の病気がある。
- ☐ 高血圧と言われたことがある。もしくは最近の血圧が140/90 mmHgを超えたことがある。
- ☐ 安静時または労作時に胸が痛くなったことがある。
- ☐ 安静時にしばしば脈の乱れることがある。
- ☐ 軽い負荷の運動・就寝中に息切れがする。
- ☐ 糖尿病と言われたことがある。
- ☐ この半年で、自然に体重が3～4キロ減った。
- ☐ 膝に痛みを感じる。
- ☐ 大腿骨・腰椎・手首の骨折をしたことがある。
- ☐ 歩行時にお尻から大腿にかけて痛みを感じる。
- ☐ 下肢（特にスネのあたり）がむくむ。

※上記の項目に1つでも当てはまる項目があった場合は、医療機関を受診し、運動の可否の指示を受けてください。

表3.5 運動前のチェックリスト

運動前のチェックリスト		
今日の血圧	収縮期血圧（　　　）mmHg（最大血圧） 拡張期血圧（　　　）mmHg（最小血圧）	※下記のような症状がある場合は無理に運動しないようにしましょう。 **症状があればチェックしてください** ☐ 体がだるい。 ☐ 下痢気味。 ☐ 体が熱っぽい。 ☐ 少し動くと息切れがする。 ☐ 体や顔がむくんでいる。 ☐ めまいがする。 ☐ 腰や膝が痛い。 ☐ 脚がしびれる。 ☐ 吐き気がする。 ☐ 冷や汗が出る。 ☐ 頭痛がする。 ☐ 寝不足である。
今日の脈拍	（　　　　　）拍／分	
降圧剤を服用されている方：薬は飲みましたか？	はい・いいえ	
水分を十分摂取しましたか	はい・いいえ	

否を確認してもらうようにしています。このとき、どのような筋力トレーニング、運動をするのか、リーフレットも一緒に手渡すと主治医も判断しやすくなります。2012年に厚生労働省から発行された『介護予防マニュアル（改訂版）』で紹介されている「プログラム参加に係るチェックシート」もお勧めです。チェックリストに該当項目がないイコール100％安全というわけではありませんが、適切な運動プログラムを作成するうえでも、このようなリスク評価は非常に大切です。

　また毎回の教室が始まる前には、**表3.5**のような「運動前のチェックリスト」に記入してもらっています。何か該当するものがあれば、やはり保健師など専門職に相談してもらうようにしています。

（2）血圧

　高血圧の高齢者の筋力トレーニングを一律に制限してしまうと、教室参加希望者の半数以上が参加不可という笑えない状況になりかねません。それほど多くの高齢者が降圧剤を内服しています。筆者は、降圧剤を内服している高齢者に対しても、筋力トレーニングは原則実施するようにしています。ただしそのためには、

　①主治医の了解を得る
　②薬は必ず内服する
　③開始前に必ず血圧をチェック
　　　　→主治医の指示する血圧基準内なら実施
　　　　→基準以上なら、教室運営のお手伝い
　　　（教室の見学は本人にとってもつらいので、受付やボールの受け渡しなど、ちょっとしたお手伝いをしてもらうようにしています。）
　④筋力トレーニングの呼吸は徹底（あがる・つぶすの法則、p.62）

（3）血液・尿検査

　血液・尿検査は、筋力トレーニングを実施するうえで問題となる疾病の状況を把握するのに役立ちます。コストの関係で実施が難しい場合は、検診結果を利用すると良いでしょう。

　貧血は運動時の立ちくらみや転倒の原因になりうるので、赤血球数（RBC）やヘモグロビン（Hb）、ヘマトクリット（Ht）はチェックしておきます。総タンパクやアルブミンは、栄養状態を知るうえで有用な指標です。

　糖尿病は合併症の程度によっては運動ができないこともありますし、経口血糖降下薬やインスリンを使用している場合、運動中に低血糖になるリスクもあるので、主治医への確認に加え、血糖値やヘモグロビンA_{1c}（HbA_{1c}）の把握は欠かせません。尿検査による尿糖や尿蛋白のチェックも有用です。

図3.2 負荷心電図検査

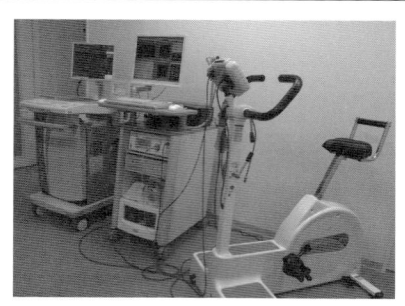

A：固定式自転車　　　　　　　　B：トレッドミル

（4）心電図

　ベッド上に寝て安静状態で実施する安静時心電図は、不整脈や心肥大、心筋梗塞などのチェックに役立ちます。しかし、安静時の心電図で異常がなかったからといって安心はできません。運動時に起こる狭心症・心筋梗塞や不整脈、血圧の急激な変化などは予測できないからです。

　このようなリスクを評価するためには、固定式自転車（**図3.2A**）を漕いだり、ベルトコンベア状のトレッドミル（**図3.2B**）の上を歩いたり、階段昇降によって、実際心臓に負荷をかけて心臓の状態をチェックする負荷心電図検査が必要になってきます。負荷心電図はどの医療機関でも実施しているわけではありませんが、可能であれば実施することをお勧めします。

　また全員に実施できない場合には、「坂道や階段の上り下りのときに、胸痛・左肩の痛み・のどの圧迫感・歯の痛みなど」を感じた経験があるかを確認し、経験があった人には負荷心電図検査を積極的に実施、あるいは循環器専門医に相談してきてもらうようにします。

3.3　体力テストの実施と評価法

　体力テストの目的は、1人ひとりの体力の把握、そしてトレーニング効果の検証です。しかし、体力と一口に言っても、筋力、筋持久力、全身持久力、平衡能、敏捷性、柔軟性などさまざまあり、それらの能力を評価するためのテストも多種多様です。教室を運営する私たちは、ついついトレーニング効果を多角的に検証したい！　と思いがちですが、あまりに多くのテストを実施すると、時間やコストがかかるだけでなく、参加者のモチベーションも下がりかねません。そこで本書では、コストがかからず筋力トレーニングの効果を評価できる代表的なテストを紹介します。

(1) TUGテスト（Timed Up ＆ Go Test；タイムド アップ アンド ゴー テスト）

　下肢筋力，平衡能，歩行能力，転倒のリスクなど日常生活機能（パフォーマンス）を評価するテストとして、椅子から立ち上がり、3m歩行し、戻ってきて着座するまでの時間を測定するTUGテストがあります。準備物からもわかるように、TUGテストはコストがかからないため、筆者も教室ではよく実施しています。

- **準備物**：ストップウォッチ、椅子、コーン（ペットボトルでも可）、3mの巻き尺（紐でも可）。
- **セッティング**：椅子の前の脚から3m先にコーンを置く（**図3.3**）。
- **測定**：椅子から立ち上がり、3m先のコーンで折り返し、再び椅子に座るまでの時間を計測する。

測定方法

1. 実施者は椅子に座る。手は太ももの上に置く。
2. 測定者は実施者に対して、「**合図があったら、できる限り早く歩いて、3m先のコーンを回って、戻ってきて、また椅子に座ってください。走らないでくださいね。早歩きでお願いします。コーンの回り方は右回り、左回り、どちらでも結構ですが、滑りやすいので気をつけてください**」と声をかける。
3. 測定者は「**用意、ハイ**」とかけ声をかけると同時に、ストップウォッチを押す。
4. 実施者は立ち上がって早足でコーンまで歩き、折り返した後、椅子に座る（**図3.4**）。
5. このとき、あくまで早歩きで、走っていないことを確認。
6. 椅子に座ったところで、ストップウォッチを押す（小数点第3位を四捨五入）。
7. 1回の練習の後、2回測定を行う。
8. 早い（小さい）ほうの値を採用。

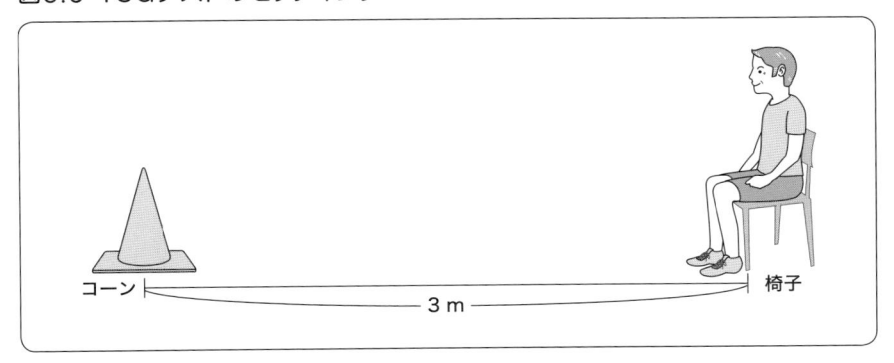

図3.3　TUGテストのセッティング

図3.4 TUGテストの様子

椅子から立ち上がり、早歩きでコーンまで歩き、折り返した後、椅子に座る。

【注意事項】
・畳の上は滑りやすいので、裸足で実施する。
・床でも靴下は滑りやすいので、裸足もしくは靴を履いて実施する。
・コーンを回るときに転倒の危険性があるので、事前に伝えておく。
・特に男性は走る傾向にあるので、気をつけるようにする。

(2) 10m歩行能力テスト

「TUGテスト」に比べて、より下半身の筋力を反映するのが、10m歩行能力テストです。本テストでは、10mの距離を「普段通り」と「早足」で歩いて、歩行速度や歩幅を測定します。測定法はストップウォッチを使った安価なものから、高価な機器で歩行動作を3次元的に解析する方法までさまざまです。筆者は元気な（自立した）高齢者が対象の場合は、「TUGテスト」よりもこちらの「10m歩行能力テスト」を実施するようにしています。

● **準備物**：ストップウォッチ、10mの巻き尺（紐でも可）、テープ。
● **セッティング**：10mの歩行路プラス前後3歩ずつ歩ける測定場所を確保。10m間隔でスタートとゴール地点を決め、テープでマーキング。
● **測定**：10mの距離を「普段の歩行」と「早足歩行」の両条件で歩き、
　　1. 10m歩行に要する時間（秒）
　　2. 10m歩行に要する歩数（歩）
　の2項目を測定。

測定方法
①**普段の歩行**：
1. スタート地点の3歩手前に立つ。
2. 「**普段のペースで歩いてください**」というかけ声で10mを歩行。

3. 実施者はゴールラインを過ぎても3歩先まで歩く。
4. 測定者はスタートからゴールライン通過までの時間をストップウォッチで計測する。
5. 同様に歩数は、スタートからゴールラインまで目視でカウントする。

②早足歩行：
「走らずにできるだけ早足で歩いてください」というかけ声で10 mを歩行。その他は「普段の歩行」と同じ。

【計算方法】
・歩行速度（km/時）＝36÷（10 m歩行に要した秒数）
・歩幅（ストライド；cm/歩）＝1000÷歩数
・歩調（ピッチ；歩/分）＝60×（10 m歩行に要した歩数）÷（10 m歩行に要した秒数）

メモ

● 男女とも、加齢に伴って歩行速度は低下しますが、それは歩調よりも、歩幅の減少が主な原因と考えられています。むしろ歩調を上げることで、歩幅の低下を補おうとします。さらに歩幅と脚筋力との関係が強いことから、脚筋力の低下が歩幅、ひいては歩行速度の低下に影響していることも推察されます。逆に筋力トレーニングによって脚筋力が増えると歩幅も増え、それに伴って歩行速度も向上します。

コラム

比べる相手は「昔の自分」

　体力テストの結果から、「あなたの体力年齢は○○歳です」「同年代の平均より優れている」「劣っている」という評価をすることがあります。確かに優れていると判定された方のモチベーションは高まるかもしれませんが、その一方で劣っていると判定された方のモチベーションはどうなるでしょうか？

　暦年齢が同じであっても、それまでのライフスタイルによって体力が大きく異なる高齢者の場合、そもそも他人や同年代の平均値との比較自体**ナンセンス**なのです。むしろ筋力トレーニングをすることで、3か月前、1年前の自分と比べてどれくらい改善したかを比較することのほうがはるかに大切だと筆者は考えています。もちろん、改善していなければ、その原因を一緒に考えてプログラムを変更します。興味深いことに、この作業は期待したほどの効果がなかった参加者のモチベーションさえもグッと高めてくれます。**比べる相手は他人ではなく、「昔の自分」なのです。**

(3) 日常生活に関する質問紙

　筋力トレーニングの効果は、体力テストのような客観的な指標だけで、すべてを評価することはできません。客観的指標に加えて、"これまでは手すりにつかまってフーフー言いながら階段を上っていたけれど、今では息切れもせず、手すりなしで上れるようになった"、"買い物に行って20〜30分歩くと疲れて、膝が痛くなったけれど、最近では1時間ぐらい歩き回っても疲れないし、膝痛もほとんど起こらない"といった、日常生活の中に根ざした主観的な指標が改善されると、トレーニング効果はより一層実感しやすくなります。筆者は、ロコモティブシンドロームのチェックリストも取り入れながら、**表3.6**のような聞き取りテストを実施しています。

(4) 全身写真

　11ページで、筋力トレーニングをすることで姿勢が良くなる話を紹介しました。しかし、本人（参加者）はそのことになかなか気づけないので、トレーニング開始時も含め、定期的に（できれば3か月ごと）「正面」「真横」「後ろ」から全身写真を撮影するようにしましょう。そのときはできるだけ薄着で、カラダのラインが出るような服装での撮影がお勧めです。

表3.6　日常生活に関する質問紙

（1）　最近、階段の上り下りで息が切れますか？
　　　1. はい
　　　2. いいえ

（2）　階段をどのようにして上りますか？
　　　1. 手すりや壁につかまらないと上れない
　　　2. ゆっくりなら、手すりや壁につかまらなくても上れる
　　　3. 普通の速度で、手すりや壁につかまらなくても上れる

（3）　1か月以内にころんだことがありますか？
　　　1. はい
　　　2. いいえ

（4）　家の中で、よくつまずいたり、滑ったりしますか？
　　　1. はい
　　　2. いいえ

（5）　片脚立ちのまま、靴下をはけますか？
　　　1. はい
　　　2. いいえ

（6）　休まないで、どのくらい歩けますか？
　　　1. 15分未満
　　　2. 15〜30分
　　　3. 30分以上

（7）　布団の上げ下ろしができますか？
　　　1. できない
　　　2. 毛布や軽い布団ならできる
　　　3. 重い布団でも楽にできる

（8）　横断歩道を青信号で渡りきれますか？
　　　1. はい
　　　2. いいえ

（9）　2キロ程度（1Lの牛乳パック2つ）の買い物をして持ち帰るのは大変ですか？
　　　1. はい
　　　2. いいえ

（10）　正座の姿勢から、どのようにして立ち上がれますか？
　　　1. 正座ができない
　　　2. 手を床についてなら立ち上がれる
　　　3. 手を使わずに立ち上がれる

3.3 ● 体力テストの実施と評価法

実践編

第4章 参加者の気持ちを引きつける講義

学習目標
1. プレゼンテーションの5つの注意点に基づいて、自分のスライドを修正できるようになる。
2. E＋P＋V＋Cのチェックリストを使って、自分もしくは他人のプレゼンテーションを評価することができるようになる。
3. 紹介したスライドを参考に、自分オリジナルのスライドを作ってみる。

4.1 プレゼンテーションの5つの注意点

　筆者が実施している筋トレ教室は、疾病や介護予防は他人事という方にも興味を持ってもらえるよう、『大人の学校・ボディデザインスクール』という名前で呼んでいます。

　実際の教室は前半の30分～60分を座学（講義／講演）、そして後半は実技という構成にしています。座学は、単に進め方を説明するだけでなく、参加者の「やる気（モチベーション）」をアップさせるうえで非常に重要です。ここがうまくいかないと、その後の成果は期待できません。筆者が注意しているのは以下の5つです。

1. 目的を明確に
2. 伝える内容をしぼる
3. まず結論から述べる
4. 専門用語は翻訳
5. スライドは大きな文字で

（1）目的を明確に
　最初にすべきは、講義の目的を明確にすることです。
　知識を伝えたいのか。教室・講演を開催したという「実績づくり」なのか。講義を聴いて筋力トレーニングをやってみようと思わせ、実際に行動に移して

もらうことなのかなど、目的はさまざまです。

話し手である皆さんが、事前に目的を明確にしておけば、おのずと何をどこまで話すべきか、どんな資料を用意すべきかが決まりますし、何をもって当初の目的が達成できたかを評価・判断する指標まで準備できることになります（本来はここまで計画しておく必要があります）。

（2）伝える内容をしぼる

講義では「アレも言っておきたい、コレも知っておいてもらいたい」という気持ちが強くなり、ついつい内容を盛りだくさんにしてしまいがちです。しかし、『**話した内容の半分はその場で忘れられ、数時間後にはほとんど忘れられる！**』 これが現実です。

アレもコレもと欲張ると結局、消化不良になって、何も「伝わらなかった」ということにもなりかねません。

（1）で述べた「講義の目的」に応じた、伝えたい内容をピックアップしてみましょう。紙に書き出してみると、自分自身でも「何を伝えたいのか」がクリアになります。

しかし、講義の予定時間にもよりますが、たとえば1時間で伝えることができる内容は3つが限界、できるなら1つか2つに抑えたいところです。さらに多くの内容を伝えたいときには、講義を複数回に分けたほうが良いでしょう。

（3）まず結論から述べる

人は自分自身にメリットがある内容でないと、なかなかしゃべり手に注意を向けてくれません。注意を喚起できないまま話を続けると、参加者（聴き手）はあくびをしたり、居眠りをし始めます。これでは伝わるものも伝わりません。

大切なのは、早い段階で参加者の興味・気持ちをグッと引きつける"魅力的"な結論を見せることです。

筆者の経験では、最初の5分間でつかみ損ねると、その後のリカバリーは非常に大変です。逆に「あぁおもしろい」「いつもの講演とは違う」と参加者に思わせれば、その後の展開は非常に楽になります。

「つかむ」ことは簡単ではありませんが、たとえばすでに教室に参加して大きく変わった人の写真を見せて、「今日この講義が終わると、皆さんも、こんなふうになれる方法をマスターできますよ！」というように、できるだけワクワクする内容で、参加者の気持ちを引きつけてください。

出だしで結論を述べてつかんだ後は、最初に戻って順序立てて説明、最後にもう一度、結論で締めくくるといった、いわば**「結」起承転結**といった流れで展開していく方法が、参加者の気持ちを盛り上げていくうえでも効果的です（⇒4.2節参照）。

（4）専門用語は翻訳

　一般の方を対象にして話すときは、専門用語はなるべく使わず、比喩を使うなどしてわかりやすく、可能であれば魅力的に「翻訳して（かみくだいて）」説明するようにします。

　たとえば「介護予防」という一見わかったような、それでいて正確にはなかなか伝わっていない用語は、「いつまでも元気で若々しくいるためのプログラム」、「最期までひとりでトイレに行くためのプログラム」と言い換えたほうが、興味を持ってもらえるだけでなく、より多くの方に理解してもらえ、頭にも入っていきやすくなります。

（5）スライドは大きな文字で

　最近は、プレゼンテーションソフト"PowerPoint®"で作ったスライドを使ったプレゼンテーションも増えてきました。スライドを使う利点は、文字通り、百聞は一見にしかず。伝えたいことを「一目」で理解してもらえる点にあります。

　しかし研修会などでよく見かけるのは、眠気を誘う文字だらけのスライドです。専門家を対象にした研修会ならいざ知らず（それでも私はイヤですが）、一般向けにこの手のスライドを使うのは御法度です。高齢者の場合、ものの数分で寝てしまいます。

　スライドの文字の目安は3行から、多くても5行程度。目で追って読まなくても、スッと頭に入ってくるのが理想です。そのためには文章ではなく、キーワードにとどめる。主役はスライドではなく、話し手である皆さんです。シンプルなスライドを使って、あとは皆さんの話術で魅力的に紹介したほうが、より相手に伝わります。詳しくは**4.5節（p.44〜）**で紹介しているスライドを参照してください。

コラム

資料は事前に配布する？

　講演会の主催者から、スライドを資料として配布したいという依頼を受けることがあります。しかし、専門家向けの研修会は別として、一般の方を対象にした講演会の場合、エクササイズの資料以外は原則配布しません。

　その理由は、スクリーンに映し出される内容と同じものが手元にあれば、聴講者は資料を「読む」のに忙しく、こちらへ注意を引きつけることが難しくなるからです。

　なかには、メモを取るのが大変だから資料が欲しいという方もみえます。しかし、メモしきれないほどのメッセージは多すぎます。ササッとメモできる程度、資料がなくても空で覚えられる程度が、ちょうど良い分量です。

　どうしてもという場合は、終了後に配布します。

4.2　講義の「出だし」での「つかみ」

さて、4.1節でも説明したように、大切なのは、講義の早い段階で参加者の興味・気持ちをグッと引きつけることです。

そこで、著者が気を付けている「出だし」での「つかみ」のポイントを説明します。

（1）参加者をリラックスさせる

参加者をリラックスさせるお勧めの方法が、

「講義を始める前に、まずはストレッチ！！」

緊張した雰囲気のときや1回限りの教室などでは、ストレッチを行うことで気持ちがほぐれ、講義をする側も参加者もリラックスした状態で始めることができます。ストレッチは、講義の途中で参加者が疲れてきたり、集中力が落ちてきたときにも使えます。

また筆者の名前は「都竹茂樹（つづく・しげき）」と読みづらい名前なので、それを逆手にとって「"刺激が続く"と覚えてください」と自己紹介すると、場の雰囲気が和らぐので、よく使っています。このように皆さんも自分のオリジナルの導入パターンをいくつか用意しておくことをお勧めします。

（2）参加者の注意を引きつける

講義の冒頭で参加者の注意を引きつけるためには、こんな工夫もあります。たとえば、

●**エピソード**

研究でよく訪れるハワイの風景写真や、日本とは異なる海外の日常生活の一場面をとらえた写真を提示し、講演内容に関連するエピソードから本題に入ります。たとえば、寝たきりの話を展開したいときは、導入部分で電動車椅子に乗って移動する夫婦の写真（**図4.1**）を紹介します。

●**質問**

「皆さんの中で毎日、運動を行っている人は？」、「食事は和食中心だという人は？」など、これから話す内容について質問し、会場の参加者ともやりとりしながら、本題に入っていきます。

●**引用**

最近報道されたニュースや注目されている事柄などを引用しながら、本題に

図4.1 エピソードの例（電動車椅子に乗って移動するご夫婦。ハワイ）

入っていきます。

●統計データ

講義内容に関連する統計データを示し、講義への興味・期待を高めながら本題に入っていきます。「日本で膝関節が変形している人は、推定800万人以上。今、膝が痛くないという人も、近い将来痛みが出てくるリスクがあります。今日、話す内容はここにいらしているすべての人に関係のある話なのです」と具体的な数字を示しながら自分事であると、認識してもらいます。ただし細かな数字の羅列は逆効果です。できるだけわかりやすく、印象的にまとめられた図表を使うようにします。

4.3　講義の"E＋P＋V＋C"とは？[*]

EPVCとは、人前で話すときに最低限押さえておきたい4つのポイント、すなわち **Eye contact**（アイコンタクト）、**Posture**（姿勢）、**Voice**（声と話し方）、**Clarity**（明確さ）の頭文字を並べたものです。

（1）Eye contact（アイコンタクト）

最初から最後まで聴講者の方をまったく見ず、手もとのメモやコンピュータの画面だけを見て話す人。これは非常に印象が悪く、伝わるものも伝わりません。こういう事態を避けるためにも、聴講者とアイコンタクトをとるようにします。人数が多い場合には、中央と左右に位置する聴講者の中から数人を選び、目線は直接相手の目を見るよりも、額あたりに注ぐようにすると良いでしょう。また、ややゆっくりめに見回すと、聴講者は自分に声をかけてもらっているよ

---

[*]　Harvard School of Public Health 'English for professional communication'

うに感じます。少人数の場合は、一人ひとりの目を見て話しても良いでしょう。

(2) Posture（姿勢）

　講演者の姿勢や動作によっても印象は随分違ってきます。ポケットに手を突っ込んだまま話すのは論外としても、ずっと同じ姿勢や立ち位置では聴講者は一か所に目線を置くことになり、疲れてしまいます。そこで時々、ジェスチャーやアクションなどの動きを加えたり、会場の左右方向へ定期的に移動するようにします。また、時には参加者の中に割って入り、語りかけるように話しをすると、注意を引きつけることができます。

　どうしても肩に力が入ったり、猫背気味になるという場合は、普段から下腹部（へそ下5cmあたりの丹田）に力を入れて骨盤を起こすよう意識しておくと、自然と肩の力が抜け猫背も改善します（p.3 図1.1）。

(3) Voice（声と話し方）

　せっかく素晴らしい内容であっても、ボソボソつぶやくような話し方では、伝わるものも伝わりません。少なくとも次の3つには注意します。

①声の大きさは適当か

　高齢者の中には耳の遠い方もみえるので、できるだけマイクを使用するようにします。マイクを使用しない場合は、一番後ろの人が「声が聞き取れるか」を確認してから話し始めるようにします。

②話すスピードは適切か

　緊張すると早口になりがちなので、時々自分の話すスピードを確認するようにします。また時間の割に話す内容、スライドの枚数が多いと、どうしても話すスピードは早くなってしまい、結果的に伝わらないことになります。スライドは少し余裕をもって終えられる程度の構成にします。

③単調な話し方になっていないか

　話し方が単調だと、聴いている側に"睡魔との戦い"を強いることになります。特に高齢者はその傾向が顕著です。そうならないためにも、抑揚や声の強弱などに気をつけ、メリハリのある話し方をするようにします。たとえば、強調したいところにきたときは、少し声のトーンを上げ、大きな声で話したり、「どうですか？」、「どう思いますか？」「今から話すことは非常に大切なことです」といった言葉掛けをしたり、若干間をおいて「実は…」といったように切り出すと、聴く側の注意を喚起できます。また、語尾がはっきりと聞き取れないスピーチは、聴く側にとってストレスとなりますので、ハッキリ話すようにします。

（4）Clarity（明確さ）

"伝わる"ためには、メッセージが"明確・明瞭"であることが大切です。そのためには、専門用語やカタカナ（外来語）を多用していないか、わかりやすい言葉を用いているか、理解しやすい表現方法であるかといった点に注意します。

> **コラム**
> ### 自信を持って話す
>
> 　自信なさそうに話すと、いくら素晴らしい内容であっても、あなたのメッセージは受け入れてもらえません。ですから講演を行うときは、「自信を持って」話すようにしてください。
> 　なかには、人前で話すのが「どうも苦手」という方もみえるかも知れません。そんなときは繰り返し練習するのはもちろんのこと、話す内容についても十分に下調べをし、"自分の言葉"で語れるまで熟知しておくことも大切です。それだけでも気持ちに余裕ができ、結果的に参加者に与える印象はかなり違ってくるはずです。

4.4　"伝わる"プレゼンテーションを目指して

最初から"立て板に水"のごとく、滑らかにスラスラと話せる人はまれです。かといって、場数さえ踏めば上手くなるわけでもありません。やはり**それなりに練習すること**が大切です。

プレゼンテーションの良し悪しで仕事の成績が決まるような職種の人たちは、専門家について基礎から徹底的な指導を受けています。そこまでは無理にしても、いろいろな人の講演に参加して、取り入れられるところは積極的に取り入れるようにします。逆に参加した講演が良くなかったと感じたら、どこが良くなかったのか理由を考え、自分はそうしないように心がけましょう。

また、自分のプレゼンテーションを**ビデオ撮影**すると客観的に改善点が見えてくるので、ぜひやってみてください。最近はスマホやタブレットでも簡単に撮影できるので、本当に便利になりました。他のスタッフにも加わってもらうと、より多角的にチェックできます。そして、次回のプレゼンテーションでどの程度改善できたかを再度チェックします。このような作業を繰り返すことで、どんどん良いプレゼンテーションになっていきます。

より手軽な方法として、**ボイスレコーダー**の活用もお勧めです。話し始めに「えー」「あー」といった声や、話しの合間に「チェッ」といった舌打ちのような"癖"に気づくこともあります。

自分の姿をあとで見返したり、声を聴いたりするのは気恥ずかしいものですが、自分自身の感覚や評価だけではどうしても主観的になりがちです。より"伝わる"プレゼンテーションにするためにも、**表4.1**のようなチェックリストを活用して、客観的に評価することをお勧めします。

表4.1　プレゼンテーションのチェックリスト

	項　目	評　価
準　備	参加者の予備知識・興味・関心についての情報を事前に把握していたか	5・4・3・2・1
	スライドは見やすく、講義の内容を理解しやすいように作成されていたか	5・4・3・2・1
	音響・マイク・照明等の環境整備について事前に点検を行ったか	5・4・3・2・1
講　義	"出だし"の部分で参加者の注意を引きつけることができたか	5・4・3・2・1
	自信を持って話せたか	5・4・3・2・1
	参加者とのアイコンタクトはとれていたか	5・4・3・2・1
	声のトーンは明瞭で聞きやすかったか	5・4・3・2・1
	わかりやすい言葉で説明できたか	5・4・3・2・1
	提示した内容の量は適切であったか	5・4・3・2・1
質　問	質問に対して適切に回答できたか	5・4・3・2・1

出典：Harvard School of Public Health 'English for professional communication'

コラム

質問の機会をいかす

　講義の最後には参加者からの質問を受ける時間を作るようにします。

　参加者からの質問に答えることは、その日の内容をもう一度整理し、強調して伝えるチャンスにもなります。また、どの部分が参加者に伝わっていなかったのかもわかり、次回の講演に役立てることができます。

　「終わり良ければすべて良し」ではありませんが、最後の質問にしっかり答えることができれば、講演全体の印象もアップします。そのためにも、やはり下調べには十分時間をかけるようにします。質問を想定したQ&A集を準備することもお勧めします。

　すぐに回答できないような質問を受けた場合は、ごまかしたり曖昧な回答をしては信頼を一気に失います。「現時点でわかっていることは」といった前置きを添えて返事したり、「あとで調べてメールします」と回答するようにします。その場では不十分な回答であったとしても、あとで何らかの形でフィードバックできるようにすれば、誠意は十分伝わるはずです。

4.5　参加者を引きつける「スライド」作り　1　運動編

　ここで紹介するスライドは、実際に筆者が行っている教室で使用しているものです。講演全体の流れはすでに説明したように、前半が座学、後半が実技です。参加者をリラックスさせたり、飽きさせない目的で、途中グループワークやクイズなども織り交ぜて展開しています。

(なお、以下に紹介するスライドをそのまま使用する場合には、出典を明記してください。)

▼

スライド　オープニング

ボディデザインスクール
カラダの引き締めかた教えます！！

都 竹 茂 樹

- 1グループ4～6名
- できるだけ知らない人同士でグループを構成
- くじ引きをするのも良い
- 受付順に割り箸で席決め

企画した教室に名前をつけて、それをスライドのオープニングにします

スライド　運動-1

つづく　しげき
都竹　茂樹

セリフ

ボディデザインスクールを担当する都竹茂樹です。よろしくお願いします。

※その後、1分程度の自己紹介

意図

- 講師は誰で、どんな人間かというのを最初に参加者に知ってもらうことは大切。
- 単に名前を名乗るだけ、あるいは事務的な態度に終始する保健師も見受けられるが、できるだけ距離感を縮めるためにも、参加者に親近感を持ってもらえるような話題(趣味でもなんでもよい)を少し話すと良い。

スライド　運動-2

[スライド内容]
続く（つづく）　刺激（しげき）

セリフ
刺激が続くと覚えてください。
皆さんの「刺激が続くよう」がんばります。

意図
- お互い初対面で緊張している参加者の気持ちをほぐすだけでなく、講師の名前を覚えてもらう、親しみを持ってもらうこと。
- 次のグループワークにも抵抗なく参加できるように。

スライド　運動-3

[スライド内容]
参加動機
意気込み

セリフ
それではここで、自己紹介も兼ねて皆さんの参加動機、意気込みを、ぜひ同じグループの方と話し合ってください。

意図
- 参加者同士で意気込みを話し合うことで、
  ▶ 自分が教室に参加した目的を再確認。
  ▶ 他人の参加目的を知ることで、より意識（モチベーション）を高めることにつなげる。
- また継続していくにあたって参加者相互の支援は重要なので、そのきっかけづくりとしても有効。

スライド　運動-4

[スライド内容]
お約束
聞き手は・・・
- うなづき
- あいづち
- はんぷく

セリフ
話し手が気分良く話せるように、聞き手は「うなづき」「あいづち」「はんぷく」の3つを心がけてくださいね。

意図
- まだお互いのことを知らないので、できるだけワークを取り入れるようにする。
- 初対面の参加者同士のコミュニケーションを円滑に進めるうえでの約束事。
- この3つの約束は、この後に行うグループワークでも必ず紹介・実施する。

スライド　運動-5

5分

セリフ

制限時間は5分です。
時間が限られているので、皆さん手短にお願いします。
あとで発表してもらうので、話し合う前に発表者を決めてください。

意図

- 5分間と時間を区切ることで、活発な議論を促す。
- 1人が話しすぎないように意識してもらう。
- 手を挙げて発言することは少ないので、前もって発言者を決めておく。
- 発言者をあらかじめ決めておくと、発言者は発言することを意識しながら議論を進める。

スライド　運動-6

※5分経過したところで、参加者から話し合った内容を報告してもらう
⇒　講師が発言をホワイトボードに書き留めても良い
⇒　ある程度発言が出たところで、教室の目的「こんな人にお勧め」のスライドを出す

こんな人にお勧め

1. もっと**美しく**なりたい
2. いつまでも**若々しく**いたい
3. いつまでも**健康**でいたい

（カギとなる言葉の文字色を変えて目立たせます）

セリフ

この教室は「こんな人にお勧めです」。
1つめは、もっと美しくなりたい。
　この中で、もっと美しくなりたい、男性ならもっとカッコよくなりたい方はどれくらいみえますか？　手を挙げてください。
2つめは、いつまでも若々しくいたい。
　若々しくいたい方、手を挙げてください。
　おっ全員ですねぇ（などリアクションをする）。
3つめは、いつまでも健康でいたい。
　健康でいたい方、手を挙げてください。
　すべて欲しいという方は？
　欲張りですねぇ……。
でも私が紹介した通りにやれば、どれも手に入るんですよ。

意図

- 最初にグループワークを通じて、参加者自身で参加目的を明確にする。そしてそのうえでこの教室のゴールを伝え、挙手してもらうことで他人のゴール・意気込みをも知ることができる。それらによってこの教室が「何を目指すのか」、この教室で「何を手に入れられるのか」をより深く理解できる。

スライド　運動-7

```
4. 膝が・・・
   腰が・・・
   骨が・・・
```

セリフ

そのほかにも、膝が痛い、腰が痛い、そして骨粗鬆症が気になるという方にもお勧めです。

意図

- 高齢者にとって、この3つは悩みの種である。
- このように疾病・疾患「にも」関係していることを伝えると、参加者のやる気はより高まる。

スライド　運動-8

```
5. 最期まで
   ひとりで
   トイレに行ける
```

セリフ

実はもう1つあるんです。
それは「最期まで……」。
これは死ぬまでという意味ですね。
最期までひとりで……。
ひとりで何ができるようになるんでしょう？
（と、参加者から一通り意見をいろいろと引き出す。この頃には発言する参加者もちらほら出てくる）
トイレに行けるように。
これが5つめの目標です。

意図

- 若い人はそれほどではないが、高齢者、特に介護を経験した高齢者は、「最期までひとりでトイレに行ける」というフレーズに頷かれる。
- ただし「最期まで…」が主目的ではなく、「美しく」「若々しく」「健康」を目指して取り組む。
- そして結果的に、「最期までひとりでトイレ"にも"行ける」ようになるというのがポイント。

スライド　運動-9

セリフ

こんなうまい話があるのか？
本当？？と思いますよね？
疑っている方、どれくらいみえますか？

意図

- あまりにも虫のいい話のため、「本当なんだろうか？」と感じる方は少なくない。
- この後、すでに実施した人の効果を見せて納得してもらうためのきっかけとして問いかける。

スライド　運動-10

※テレビ番組の「ためしてガッテン」で筆者の教室が紹介されたときのビデオを紹介

セリフ

私が三重県四日市市でやっていた教室の参加者が、「ためしてガッテン」で紹介されました。
これから皆さんに紹介することを、すでにやった方たちです。この方たちがどんなふうに変わったのか、実際に見てください。

意図

●こちらが、いくら"こんな効果が期待できますよ"、"こう変わりますよ"と想いを込めて伝えても、限界がある。"同じ方法で実施した"、"同じような人"（ここが重要）がどのように変わったかを紹介することで、"自分もできるかも"という気持ちになってもらう。
※本書では「ためしてガッテン」を紹介しましたが、実際には読者の皆さんが経験した成功事例を紹介してください。

スライド　運動-11

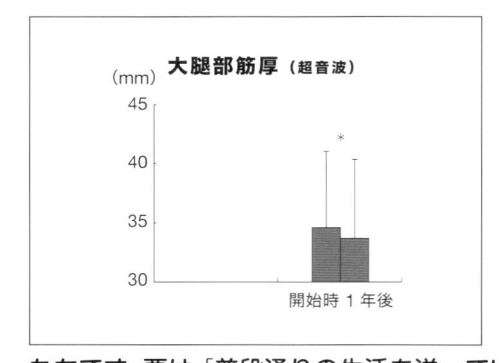

セリフ

グラフは70代女性15名の方を対象に、太ももの筋肉の厚みを超音波で測定したものです。超音波は、健康診断で肝臓なんかを検査する機器ですよね。この方たちが1年間、普段通りの生活を送ったあと筋肉の厚みはどうなったか。
ご覧のように減少しました。この方たちは寝たきりの方ではありません。自分の足で歩いて買い物に行ったり、旅行をしたり、いわゆる「自立」した高齢者の方たちです。要は、「普段通りの生活を送っていても、筋肉は年々落ちるということです」。
老化だから、筋肉が落ちていくのは仕方ないことでしょうか？　先延ばしができれば御の字と思いますか？　もう増やすことは「年だから」無理ですか？　そんなことない、いくつになっても増やせると思う方？　手を挙げてください。じゃ、現状維持ならできると思う方はどうですか？　では、もう無理だと思う方は？

意図

●寝たきりだけでなく、普段通りの生活を送っていても、筋肉は年々減少していくことを理解してもらう。
●言葉だけでなくグラフとあわせて紹介することで、より印象づける。
●質問を投げかけて、参加者に短時間であっても考えてもらうことで、関心をこちらに引きつける。
※混乱を避けるため参加者にはあえて言わないが、このような加齢に伴う筋肉の減少が「サルコペニア」。

スライド　運動-12

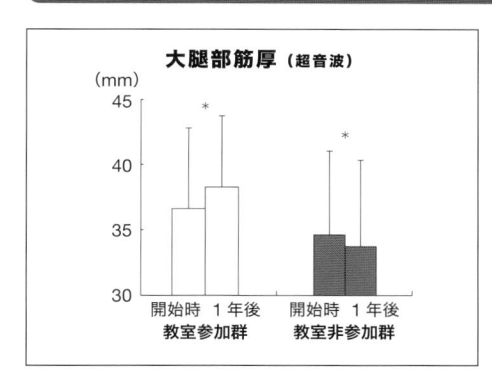

大腿部筋厚（超音波）
(グラフ：教室参加群／教室非参加群　開始時・1年後)

セリフ

先ほどテレビに出ていた○○さんを含めた同年代の女性15名の変化が左の白いグラフです。
1年間で筋肉の厚みが増えているのがおわかりかと思います。
右の黒いグラフの方とは別の方たちですが、みなさん同じ年代で、同様にお元気な方たちでした。
まとめると、右のように普段通りの生活をしているだけでは、筋肉は年々減少していくんですね。

でも適切な方法で筋肉を刺激すれば、やり方は後半に一緒にやりますけど、いくつになっても筋肉は増えます。
じゃ、何歳まで筋肉は増えるのか？
厳密なデータはありませんが、私たちの教室に参加して超音波で測定された方の最高齢が、男女とも84歳。
お二人とも、3か月で太ももの筋肉の厚みは増加しました。
おそらくもっと上の年代でも増えると思います。

意図

- 前のスライドで、普段通りの生活だけでは筋肉が衰えることを紹介し、また増えることは可能かどうかを考えてもらって注意を引きつけたうえで解答を紹介する。
- このプロセスを経ることで、参加者は「いくつになってもやれば変わる」ということを納得する。

「いくつになってもやれば変わる」ということを納得してもらいます

スライド　運動-13

筋肉の役割

セリフ

ではその筋肉には、どんな働きがあるでしょう？
たくさんありますよ。どなたか？　（参加者に発言を促す）
そうですね「力を発揮する」、あと姿勢の保持なんかもあります。そのほかは？…　（と再度、発言を促す）
今、皆さんは座って話を聴いていただいていますが、動かなくてもエネルギーを消費しています。でも消費量は人それぞれ違います。何が影響しているんでしょうか？　（ここでも発言を促す）
それは筋肉の量です。筋肉の量が多い人ほど、エネルギーの消費量は？？？　（ここでも発言を促す）
そう、多いんです。
ということは、筋肉の量が多い人ほど太り……？？？　（ここでも発言を促す）　にくいんですね。
（すぐに正解を言うのではなく、「何が影響している？」「消費量は？」「太り？？？」で止めて、参加者自身が考え、発言する機会を設ける）
あと、関節への負担を和らげてくれるのも筋肉の働きです。たとえば太もも周りの筋肉が衰えると、膝関節への負担が増えて、結果的に膝の痛みが出てくることがあります。
その他にもメリハリのあるカラダ。カラダを引き締めてくれているのは筋肉です。ということは、もし筋肉が衰えてきたら？　そうです、メリハリのない寸胴なカラダになってしまいます。

意図
- 単に答えを提示されたら、わかった「つもり」になるが、家に帰る頃にはほとんど覚えていない。
- 笑いも交えながらやりとりをし、考えてもらうことで、できるだけ印象づけるようにする。
- ※時間に余裕がある場合は、グループワークで話し合ってもらうこともある。

（筆者の実際の講義の様子。兵庫県豊岡市にて）

スライド　運動-14

筋肉の役割
- 力を発揮
- 姿勢保持
- エネルギー消費
- 関節の保護
- カラダの引き締め

（骨格筋／筋原線維／筋線維）

セリフ

じゃあ今度は、筋肉が増えるとどうなるかを、一緒に考えてみましょう。
- 力が強くなるということは、日常生活が楽にできるようになりますよね。
- 姿勢も良くなりますから、見た目も若返ります。早い人だと1か月で他人から「何か最近やってるの？」「若返ったように見える」と言われるようになります。
- 安静時のエネルギー消費量が増えるということは、太りにくい、リバウンドしにくいカラダになるということですね。
- 関節への負担を和らげてくれるので、たとえば膝周りの筋肉を鍛えることで膝痛の予防や、なかには痛みが良くなる方もみえます。
- お腹や太もも、二の腕など、カラダの引き締めにも効果があります。

意図
- 表現を変えながら、またさまざまな角度から筋肉の役割、そして筋肉が増えることのメリットを伝えることで、詳細は忘れても「筋肉を鍛えることは自分にメリットがある」と実感するようになる。

スライド　運動-15

どうしたらカラダは変わる？

セリフ

ではどうすれば、カラダは変わるんでしょうか？

意図
- 解答をいきなり言うのではなく、質問を投げかける。
- 発言があれば、そこから話を広げても良い。
- グループワークを実施しても良い。
- 一方的にこちらから解答を言うのではなく、考えてもらうようにすることが重要。

スライド　運動-16

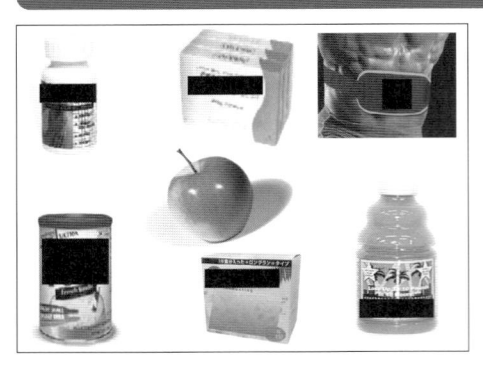

セリフ

これらを試した方はみえますか？
手を挙げてみてください。
　　　（試したという方がみえれば当てて）
やってみて変わりましたか？
これさえ飲めば、これさえつければ、これだけ食べれば変わるという商品が、次から次へと出てきます。
しかし残念ながら、これだけで変わるようなことはありません。

意図

● お手軽なダイエット法や商品が、ちまたには溢れているが、それでは変わらない、変われないということをハッキリさせる。

スライド　運動-17

セリフ

カラダを変えて結果を出すためには、
食事と運動を続けるしか方法はありません。
それ以外の方法はないんです。
覚悟してください。
その代わり、やればカラダは必ず変わります。
さっきテレビで紹介されていた方たちも、今から紹介する方法で変わったのです。

意図

● 食事と運動は決して新しい事項ではないが、結果を出すためには、食事と運動しかないんだということを「再認識」し、「覚悟」してもらう。
● ガッカリする人も出てくるので、先に紹介した成功事例を持ち出して、やれば結果が期待できるということを伝える。

スライド　運動-18

```
変わらないことも
　不 適 切
　　もしくは
　不 十 分
```

セリフ

矛盾するようですが、変わらない人もいるんです。
どんな人だと思います？
それは一生懸命頑張ったんだけど、不適切、やり方が間違っていたら変わりません。
逆にやり方は合ってるいんだけど、続かない、よくいう三日坊主でも変わりません。

意図

- 単にやれば良いのではなく、「適切な方法」を「続ける」ことが重要であると念押し。

スライド　運動-19

```
今日の教室が終了すると
1．適切な方法が分かる
2．続け方が分かる
3．今すぐ始めたくなる！！
```

セリフ

ということで、今日の教室が終わって帰る頃に、皆さんが、
1つめは、適切な方法、進め方が分かる。
2つめが、どうやって続ければ良いのか、挫折しない方法が分かる。
そして最後、この話を聞いて「よしやろう!!」と思ってもらえれば、今日の私の目標は達成です。

意図

- これは講師と参加者の「契約」である。
- 2時間の時間をいただく代わりに、提供するものを最初に宣言しておく。
- 最後に再度、この3つを確認して終えるようにする。

次は食事編です

4.6　参加者を引きつける「スライド」作り　2　食事編

4.5節では、「運動」をテーマにしたスライドを紹介しました。健康なカラダ、引き締まったかっこいいカラダを目指すには、運動だけでは無理です。食事にも注意することが必要です。

食事についてまで、筋トレ教室でお話する機会がない方も多いかもしれませんが、食事は重要な要素です。

話の展開の仕方や、スライドの見せ方など、参考にしてください。

スライド　食事-1

You are what you eat !

あなたのカラダは、
あなたが口にした
モノからできています

セリフ

運動だけでは引き締まった若々しいカラダ、キレイでかっこいいカラダ、健康なカラダになるのは無理です。
食事と運動は車の両輪のような存在です。
You are what you eat.
これは
「You are」　あなたは、
「you eat」　これは食べるものだけでなく、飲んだものも含めて、あなたが口にしたものからできています。
それほど食べるもの、飲むものは大切！　という意味です。

意図

- 低栄養が問題になる高齢者がいる一方、食べ過ぎによる生活習慣病、肥満・過体重からくる変形性膝関節症や腰痛なども大きな問題である。そこで運動だけでなく、食事の重要性も伝える。

スライド　食事-2

食の約束

3つ

セリフ

では何をどうすれば良いのか？
あれもこれもじゃ大変でしょう。
今日は3つだけ紹介しますから、この3つだけを覚えて帰ってください。
そしてお家で実行してください。

意図

- あれもこれもたくさん紹介すると、結局何もしなかった、できなかったという状況に陥るので、3つに絞って紹介。

スライド　食事-3

食の約束
和 食

セリフ

1つめは和食です。
ほとんど毎日和食だという方は手を挙げてください。
ほぼ全員!!　いいですねぇ。
和食以外は絶対ダメとはいいません。
時々、中華や洋食を食べてもOKです。
そして迷ったら迷わず和食にしてください。

意図

- メタボの肥満者と違って、高齢者はほぼ全員が和食を食べているので、本来は和食を「食の約束」に入れなくても問題ない。
  しかし、1つでも「自分はできる」と自信を持ってもらう意味でも、脂もの好きの配偶者、子どもや孫に伝えてもらうことも念頭に置いて、あえて紹介するようにしている。

スライド　食事-4

和食にするワケ

和食を選んでおけば、
カロリー計算をしなくても、
とりあえず低カロリーのモノが選べる

セリフ

どうして和食にするのか？
それは引き締まったカラダになるためには、食べ過ぎ、カロリーの摂り過ぎは良くありません。
でもカロリー計算するのは大変でしょ？
和食を選んでおけば、「とりあえず」低カロリーのモノが選べるんです。
ほとんどの人は、和食を食べてみえます。
だから1つめは無理なく実行できるでしょ？

意図

- なぜ和食なのか？
  その理由「和食を選んでおけば、「とりあえず」カロリー計算をしなくても、低カロリーのモノが選べる」と説明すると、参加者は「あぁ～なるほど、だから和食がいいんだな。カロリー計算は不要なんだな」と納得。
  またこの程度の方法でも良いんだなと「敷居の低さ」を実感してもらう（続けることは敷居が低いわけではないが…）。
- この「カロリー計算をしなくても」という文言は、次のスライド「フライや天ぷらはNG」の布石になっている。
- ただし塩分の摂り過ぎには気をつけるよう伝える。

スライド　食事-5

和食といっても・・・
フライゃ天ぷらは NG

セリフ

だから和食といっても、フライや天ぷらは？
そうダメですよね。
揚げ物が好きな人にとっては、確かに大変です。
でも1か月、本気の1か月の期間だけ!!　我慢してみてください。
案外、すぐに慣れるもんですよ。

意図

- 1枚前のスライド「和食にするワケ」の意味を理解していれば、「和食といっても、揚げ物はNG」はすんなり頭に入るはず。
- 筆者は「NG」の部分は最初に出さず、参加者に「フライや天ぷらはどうでしょう？　先ほどのスライドを思い出してください」と言いながら、「和食だからOKという人？　NGと思う人？」と挙手してもらう。

スライド　食事-6

食の約束
和　食
よく噛む

セリフ

2つめは「よく噛む」です。
非常に大切です。
ではどうして、よく噛むことが大切なんでしょう？
少し隣の人と相談してみてください。
（5分ほどグループワークをしても良いし、出席者から発言してもらっても良い）

意図

- 講義はややもすると、知識の一方的な提供に陥りがちになり、そのときはわかった「つもり」でも、結局何も残らなかったという事態になりかねない。
そこで、なぜ「よく噛む」なのか？　と質問して参加者自身が考える機会を提供する。
- 自分で考えることでいろいろなことが出てくる、気づく。
その結果、ただ講師の話を聞いているだけよりも、より記憶に残る。

スライド　食事-7

よく噛むワケ

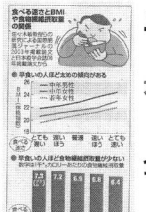

早食いの人ほど

太めの傾向がある

食物繊維の摂取量が少ない

［出典：佐々木敏　東京大学教授・朝日新聞
（2012年2月21日）］

セリフ

（スライドを見せる前に）どうでしたか？
東京大学の佐々木敏先生の調査によると、早食いの人ほど太めの傾向があります。
そして食物繊維の摂取量の少ない傾向もあると言われています。

意図

●出席者から発言がない場合には、当てても良い。そうすると、皆さん何か答えてくれる。
【よくある回答例】
　▶食べ過ぎを防ぐ
　▶胃腸への負担軽減
　▶小顔効果!?
●なかには見当違いの回答をする方もみえるが、明らかに間違えていなければ、「おもしろいですね。そういう考え方もあるんですねぇ。参考にします。他にないですか？」などと続ければ良い。

スライド　食事-8

一番、忘れる

参加者の注意をひく言葉を使う

セリフ

でも多くの人は、3つのうち、これが一番、難しいとおっしゃいます。
よく噛むためには、
・新聞、テレビ、雑誌を見ながら食べない
・よく味わって食べる
・箸置きを使って、一口ごとに箸を置く
・早く食べる人と一緒に食べない
・早く食べる人にもゆっくり食べるよう勧める
それでも忘れるという人のなかには、
・「よく噛む」と書いたテプラをテーブルに貼ってる人も。
それくらい忘れるんですよね。

意図

●「大切」、「一番、難しい」という文言で参加者の注意をひく。そのあとに、いろいろとアイデアや工夫を紹介する。

スライド　食事-9

飲み込む前にあと5回

セリフ

それでも忘れる人は、飲み込む前に「余分に」5回噛むようにしてください。
それを意識するだけでも、だいぶ違います。

意図

- 「飲み込む前にあと5回」。
- リズムが良いので覚えやすい。

スライド　食事-10

今日は朝昼晩すべて
いつもの倍の時間をかけました。

何とビックリ!!
いつもより腹もちがいいんです。
間食も不要でした。

セリフ

参加者の方から、こんなメールも届きました。
腹もちが良くなって、間食まで欲しくなくなるんですね。

意図

- 医科学的なデータも重要だが、すでに実施した人のコメントは、これから取り組もうとする人にとっては非常に心強い。
- このような前向きなコメントは、「よく噛む」以外のところでも紹介すると良い。

スライド　食事-11

食の約束
和食
よく噛む
至福の間食

セリフ

3つめが間食です。
間食は欠かせないという方、どれくらいみえますか？（と挙手を促す）
半数以上ですねぇ。
間食をやめてくださいと言っても、なかなか難しいでしょうから、今日からぜひ間食を「至福の間食」にすることをお勧めします。
「至福の間食」って意味、わかりますか？
お隣の方と相談してみてください。

意図

- 高齢者は「おやつ」や「果物」を食べる方が思いのほか多い。
- 間食が多いと、どうしても肥満をはじめとする生活習慣病のリスク、過体重から関節痛の原因にもなる。
- しかし、おやつはダメと言ってもなかなかやめられない。
- そこで選りすぐりの一品を食べる「至福の間食」という考え方を提唱している。
- 参加者には「至福の間食」とはどういう意味なのか、イメージなのかを話し合ってもらう。
- 参加者にも予想してもらう。

スライド　食事-12

セリフ

「至福の間食」の話をする前に、質問です。
こういう袋菓子が好きだ、よく食べるという方、手を挙げてください。
結構、みえますね。
では、おうちに置いてあるという方、手を挙げてください。
次に、一度食べ始めたら止まらないという方？
まず食べ始めたら止まらないという方は、買い置きはやめたほうが良いです。
その方にぜひお勧めしたいのが、さきほどの「至福の間食」です。
袋菓子と同じ値段の和菓子や高級菓子を1つだけ買いに行きます。
もちろん「歩いて」買いに行くんですよ。
そうして、音楽をかけて、コーヒーやお茶をいれて、優雅においしくいただくんです。

意図

- 挙手をしてもらうことで、周りの人もけっこう間食（おやつ）を食べていることを確認。
- 質問を徐々に具体的な内容にして、話の核心に入っていく。

スライド　食事-13

セリフ

果物が好きな方は？
果物はカラダに良いので、いくらでも食べるという方もみえるかもしれません。
しかし、食べ過ぎは肥満のもとです。
ほどほどが一番です。

意図

- 果物はビタミンやカリウムなどのミネラルを含むし健康的なので、どれだけ食べても良いと「勘違い」している方も少なくない。
- 当然、食べ過ぎは肥満や高血糖のリスクを高めるので、注意が必要。

コラム

グループワークの勧め

　一方的な講話では、10分、15分で参加者は飽きてしまいます。かといって、参加者はなかなか手を挙げて発言することもありません。そこでお勧めしたいのが、グループワークです。最初は緊張していた参加者同士もすぐに打ち解けますし、なかなか引き出せない意見が出てくることもあります。気持ちよく話してもらうために、筆者は下記のような**「うあは」**と書かれたスライドを最初に紹介します（スライド1、2）。これは聞き手が、**「う」**なづき、**「あ」**いづち、**「は」**んぷくすると、話し手は気持ちよく話せることを表しています。

　このように進めていくと、教室の連帯感も高まり、なかには「グループワークで意気投合して、今では大の親友」という方もみえます。すべてをグループワークというわけにはいきませんが、毎回1回はグループワークを入れてみることをお勧めします。

グループワークの様子

【グループワークの進め方】
・1グループ4～6名程度
・知らない人同士を混ぜる
・進行役、記録者、発表者を決める
・聞き手は**「う・あ・は」**の精神で
・グループで出た意見を発表し、全体で共有する

【グループワークのテーマ案】
　1回目　「なぜ、この教室に参加しましたか？」
　2回目　「1週間やってみて、変化はありましたか？」
　3回目　「続ける秘訣は？」
　8回目　「カラダの変化は？」
　12回目　「地域の変化は？」

```
お 約 束
 聞き手は・・・
   ・う
   ・あ
   ・は
```
スライド1

```
お 約 束
 聞き手は・・・
   ・うなづき
   ・あいづち
   ・はんぷく
```
スライド2

実践編

第5章 実技教室を成功させるコツ

学習目標
1. 筋力トレーニングの3つのステップを説明することができるようになる。
2. 本書で紹介している筋力トレーニング8種目を正確なフォーム、適切な声かけとともにデモンストレーションできるようになる。
3. FAQで紹介している事例に遭遇したとき、適切に対応できるようになる。

　4章では筋トレ教室の前半、座学において、参加者のやる気を引き出すコツを具体的に説明してきました。5章では、筋トレ教室の後半、実技編です。

　筋力トレーニングをしたことがない参加者、筋力トレーニングは大変そうと思っている参加者、そういった参加者が安全に楽しく、そして効果的に実施できる方法をお伝えします。

　まず、筋力トレーニング（実技）指導を始めるにあたって、指導者が押えておかなくてはならないことを説明します。そして、5.2節では、付属DVDでも紹介している「**4秒ゆっくり筋トレ**」の指導方法について詳しく解説します。

5.1　筋力トレーニングの指導で大切なことは何か？

（1）適切なフォームを3ステップでマスターする

　不適切なフォームによる筋力トレーニングは、効果が期待できないどころか、関節を痛めかねません。特に自宅で実施する場合は、適切なフォームで実施しているか確認できないため、フォームの習得が非常に重要になってきます。

　その一方、指導者から「初心者の人にどうやって適切なフォームを習得してもらえば良いのか？」、また実際にエクササイズを行う本人からも「やってみたけれど、自分のフォームが適切なのかどうか不安」といった相談をよく受けます。

　フォームの習得が複雑でわかりづらいと、「筋力トレーニングは難しい」といったイメージを持たれたり、最後には「面倒くさい」、「大変だからやめてお

こう」ということにもなりかねません。

　そこで筆者は、初めての方でも無理なく適切なフォームを習得してもらうために、

　　Step1：スタートポジション
　　Step2：動作とリズム
　　Step3：呼吸法

の3ステップに分けて、順を追って習得する方法を考案し、紹介しています。

● Step1：スタートポジション

　何事も最初が肝心です。筋力トレーニングもカラダを動かし始める前のスタートポジションが適切でないと、筋肉を十分刺激できないばかりか、時には関節の違和感や痛みを生じることがあり、効果も期待できません。**まずは皆さん自身がお手本を見せ、一緒に何度か繰り返し練習してください**（図5.1）。そうすると、ほぼ全員が正しいスタートポジションをとれるようになります。自宅で実施する場合は、鏡やガラス窓に自分の姿を映し、チェックしてもらうと良いでしょう。

● Step2：動作とリズム

　適切なスタートポジションが習得できたら、次は実際の動きです。筋力トレーニングとは、鍛えたい・刺激したい筋肉の伸張と収縮の繰り返しです。たとえばスクワットの場合、しゃがむときに刺激したい大腿四頭筋が引き伸ばされ（伸張）、立ち上がるときに収縮します。

　リズムについては、筋肉が収縮するときも引き伸ばされるときも**4秒間**かけて行います。反動を使って回数を「こなして」も効果は期待できません。また慣れてくると、4秒間のつもりでも実際は早くなっていることがあるので注意してください。たとえば「シャボン玉とんだぁ～」や「かぁ～らぁす～なぜ鳴くの～」など歌いながら行うと、4秒間で実施できるようになります。

● Step3：呼吸法

　バーベルやマシン、自分の体重など負荷の種類にかかわらず、息を止めたままトレーニングをすると血圧が上昇することがあるので、呼吸をしながらトレーニングすることが大切です。

　呼吸の基本は、「鍛えたい筋肉が収縮するとき（スクワットなら立ち上がるとき）に息を吐き、引き伸ばされるとき（スクワットならしゃがむとき）に息を吸う」ですが、慣れないうちはフォームと呼吸の両方を同時に意識することは大変です。なかには、「呼吸が気になってフォームがおろそかになる」という人も出てきます。

　そこでもっとも簡単に呼吸法を習得する方法が「**あがる・つぶすの法則**」です。これはスクワットでは立ち「あがる」とき、ボールつぶしではボールを押

し「つぶす」ときに、「1・2・3・4」と声に出して数えれば、結果的に息を吐いたことになります。呼吸はこれだけでOKです。

「あがる」とき、「つぶす」ときにカウントする。 これを覚えておくだけで、参加者は「息をいつ吐いて、いつ吸えば良いのか」という呼吸の"呪縛"から解放されます。

なかには、何回やったか、わからなくなる人もいます。

1回目は「1、2、3、4」、

2回目は「2、2、3、4」、

3回目は「3、2、3、4」と、

最初のカウントを回数にすれば、数を間違えることはありません。

なお、逆の動きの場合は、声に出してカウントしません。息を吸うことも指示したほうが良いのではと思われるかもしれませんが、「あがる」「つぶす」たびにカウント＝息を吐いているということは、必ずどこかで息を吸っていることになるので、指示しなくても問題ありません。

図5.1　実技指導の様子

| スクワット説明中 | 参加者と一緒にスクワット |

コラム

なぜ基本は3種目だけなのか？

高齢者を対象に、自分の体重（自体重）とチューブを使った筋力トレーニング7種目、週3回の効果を検証したところ、3か月で筋肉が増えるだけでなく、腹囲や内臓脂肪が減少、糖代謝（HbA_{1C}）や脂質代謝（コレステロール）も改善するなど、これまであまりわかっていなかった筋力トレーニングの効果が明らかになりました*。

この方法をぜひ全国の高齢者に紹介したいと思い、健康雑誌で有名な出版社に話したところ、「ぜひ紹介させてください。ただ7種目は多すぎます。1種目で同じ効果は出ないでしょうか？」と言われました。自信満々だった私は当然"絶句"。そのときは「どうしてわかってくれないんだ」と思いましたが、絶対に紹介したかったので、種目数を変えて検証してみることにしました。

ただささがに1種目は少なすぎるだろうと思い、3種目×毎日で効果を検証してみました。始める前はあまり期待していなかったのですが、実際にやって

みると同様の効果が得られました。高齢者だけでなく、若年、中年の男女にやってもらっても、1か月から2年と期間を変えてみても、結果はすべて同じだったので、現在は3種目×毎日を基本にしています。

　7種目×週3日ではなく、3種目×毎日にすることのメリットとして、
　（1）覚える種目数が3つと少ないので、確実に覚えられる（適当に7種目やっても効果は期待できない）
　（2）実施するほうにしても3種目程度ならと、心理的な敷居が低い
　（3）3種目なら、10分程度で終わるので続けやすい
　（4）週3日にすると「今日はやる日？やらない日？」となって忘れやすい。毎日だと確実にできる

　またこのときに、ひとは「1種目だけ」とか「これさえやれば効果が出る!!」という謳い文句に反応することを実感しました。言い換えるなら、変わりたい、結果を出したい、でもしんどいのはイヤ、時間をかけるのもイヤ、できるだけ時間をかけず楽して結果を出したいと思っているのです。それからは、「1日10分」をメリットとして謳うようになりました。今では、「1種目で何とかならないですかねぇ」と言ってきた編集者に感謝しています。
　（本書やDVDでは、基本の3種目のほか、下半身編3種目、ヒップアップ編2種目の計8種目を紹介しています）。

＊　Tsuzuku S et al. Favorable effects of non-instrumental resistance training on fat distribution and metabolic profiles in healthy elderly people. Eur J Appl Physiol 99: 549-55, 2007.

（2）適切な回数と頻度

［回数］

　筆者は、高齢者に対して各種目10回×2セットを基本としていますが、最初は10回できないこともあります。その場合は5回ずつにと分けて実施してもらっています。なかには10回という回数にこだわるあまり、反動を使ったり、4秒ではなく1秒、2秒でやって負荷を軽くして回数を「稼ごう」という方もみえます。筆者は、そのような方法では効果がないことを前もって説明し、あくまでも4秒間で「ゆっくり」実施してもらうようにしています。

［頻度］

　また筋力トレーニングの実施頻度は週に2〜3回が良く、これ以上でもこれ以下の頻度でも効果は少ないといわれています。その根拠は「超回復理論」に基づいています。「超回復」とは筋力トレーニングによって筋線維が部分的に断裂・破壊され、その後、回復期を経て筋線維が修復される際に、以前より太くなるという現象で、これが繰り返されることで筋肉が大きくなるのです。
　この超回復には24〜48時間要するため、毎日トレーニングすると、回復する前に疲労期へ移行し、筋肉は肥大どころかかえって衰えてしまう、すなわち

オーバートレーニングに陥るとされています。しかし、筆者らは筋力トレーニングを毎日実施することを推奨しています。これは「超回復理論」と一見矛盾しますが、自分の体重程度の負荷では超回復を起こすほど筋線維が断裂・破壊されたり、オーバートレーニングに陥ることはありません。むしろすべての種目を実施しても、10分程度で終わるため、心身への負担が少ないというメリットがあります。また、日常生活で運動を習慣化させる意味からも、毎日実施することを推奨しています。

コラム

筋力トレーニングは安全か？

　筋力トレーニング、有酸素運動のいかんを問わず、運動のメリットは計り知れませんが、リスクもゼロではありません。いわば諸刃の剣です。特に高齢者や高血圧患者に運動指導する場合は慎重になるのは当然です。

　アメリカ心臓協会（AHA：American Heart Association）が2007年に出したレポート*に「筋力トレーニングの安全性（Safety of RT**）」という項目があり、そこでは「健常な成人、およびリスクの低い心臓疾患患者（すなわち、安静時や労作時の心筋虚血、重度の左心室機能不全、心室性の不整脈が認められない成人）を対象にした研究では、重大な心血管系の問題は起こらなかった。筋力トレーニングはまた、コントロールされた高血圧患者にとっても安全であり、心疾患患者が最大挙上重量（1-RM）の40〜60％程度の重さでトレーニングをしているときの動脈内血圧も臨床的に受け入れられる。またメディカルチェック、最大負荷でのトレッドミルテストを事前に受け、安静時血圧も160/90 mmHg以下の20〜69歳の健常人6653人に対して、最大挙上重量を測定するテスト（ベンチプレス、レッグプレス、ニーエクステンション）を実施したが、特に問題となるような心血管系のトラブルは認められなかった。」

　すなわち、
　　1．事前にリスク評価をし
　　2．呼吸（本書で紹介している「あがる・つぶす」の法則）をしっかりして、怒責させない
　　3．血圧は160/90 mmHg以下にコントロール（筆者注：筆者は140/90あたりを目安にしています）

　すれば、リスクは大幅に低減させられると述べています。

* Resistance exercise in individuals with and without cardiovascular disease : 2007 update : a scientific statement from the American Heart Association Council on Clinical Cardiology and Council on Nutrition, Physical Activity, and Metabolism. Williams MA, Haskell WL, Ades PA, Amsterdam EA, Bittner V, Franklin BA, Gulanick M, Laing ST, Stewart KJ ; American Heart Association Council on Clinical Cardiology ; American Heart Association Council on Nutrition, Physical Activity, and Metabolism. Circulation. 2007 ; 116(5) : 572-84.
** RT：Resistance Training

5.2 「4秒ゆっくり筋トレ」8種目（DVD収録）

それでは、具体的に8種目の「4秒ゆっくり筋トレ」を紹介します。
この内容はDVDにも収録していますので、併せて参考にしてください。
各種目につき、
　　1.エクササイズの方法、
　　2.FAQ　よくある質問とその答え
　　3.運動時の声かけの例、
を紹介しています。

基本編（3種目）

スクワット → p.70
- 太ももの引き締めに効果的
- 階段の上り下りが楽に
- 膝痛の予防にもお勧め

膝あげ → p.74
- 下腹部の引き締めに効果的
- 太ももの引き締めに効果的
- 姿勢が良くなる
　（見た目が若返る）
- 転倒しにくくなる

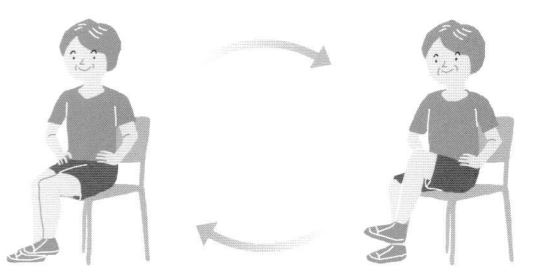

ボールつぶし（胸と腕）→ p.78
- バストアップ、
　二の腕引き締めに効果的
　（女性向け）
- たくましい胸板をつくる
　（男性向け）

下半身編（3種目）

内ももの運動 → p.82
- 太もも内側の引き締めに効果的
- 膝が痛い人にもお勧め

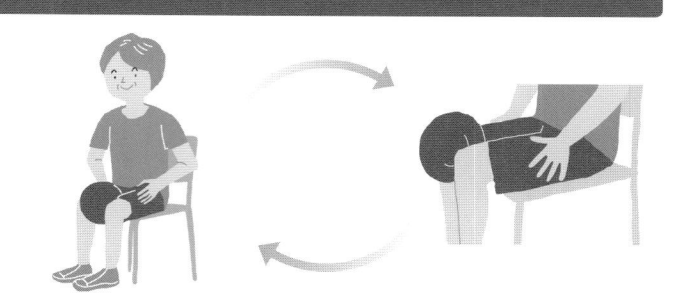

太もも裏の運動 → p.86
- 太もも裏側の引き締めに効果的
- 膝が痛い人にもお勧め

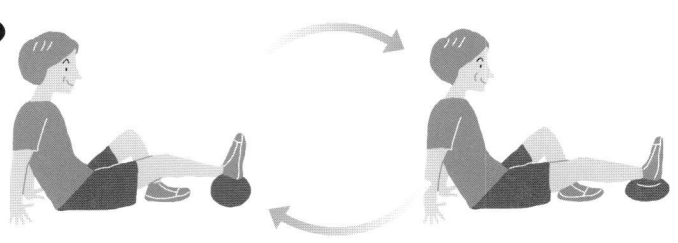

膝のばし → p.90
- 太もも前側の引き締めに効果的
- 膝が痛い人にもお勧め
- （太ももを浮かすと）下腹部の引き締めに効果的

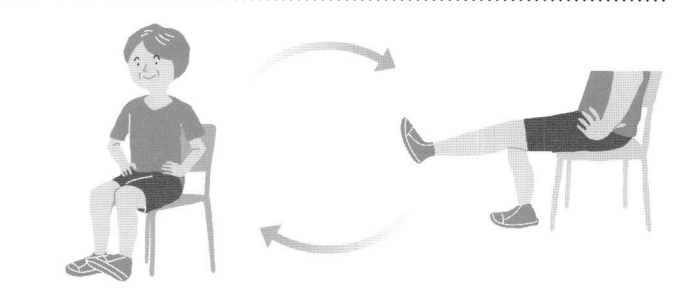

ヒップアップ編（2種目）

お尻あげ → p.94
- ヒップアップに効果的
- 太もも裏側の引き締めに効果的

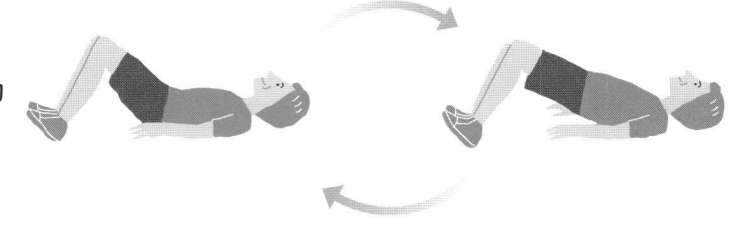

脚あげ → p.98
- ヒップアップに効果的
- 太もも裏側の引き締めに効果的
- お腹の引き締めに効果的
- 二の腕の引き締めに効果的

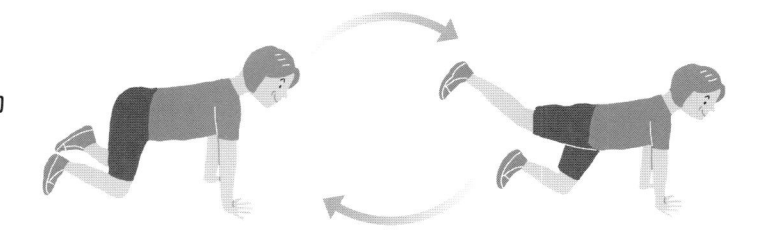

5.2 ●「4秒ゆっくり筋トレ」8種目

エクササイズのプログラム例

① 最初の1か月間

プログラム

[実施日] **月曜～日曜（毎日）**
- 基本編3種目
- 各種目10回×2セット

適切なフォームの習得を目的に、少なくとも最初の1か月は、基本編の3種目のみを実施します。2か月目以降も、基本編のみの実施でも問題ありません。

スクワット　　　**膝あげ**　　　**ボールつぶし（胸と腕）**

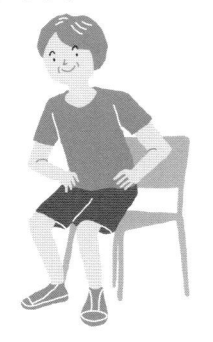

（左右10回ずつ）

② 2か月目以降

プログラムの一例

[実施日] **月・水・金** （火・木・土・日は次のページ）
- ヒップアップ編2種目＋基本編のスクワット
- 各種目10回×2セット

少なくとも1か月が経過して慣れてきたところで、ヒップアップ編（カラダの後部を鍛えるエクササイズ；お尻あげ、脚あげ）を取り入れます。

ただし【最初の1か月間】でも述べたように、基本編のみを継続しても構いません。

お尻あげ　　　**脚あげ**　　　**スクワット**

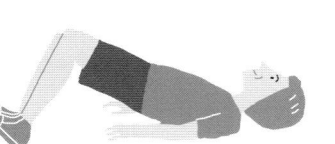

（左右10回ずつ）

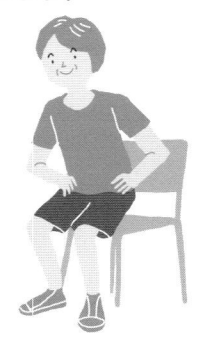

[実施日] **火・木・土・日**
- 基本編3種目
- 各種目10回×2セット

スクワット　　**膝あげ**　　**ボールつぶし（胸と腕）**

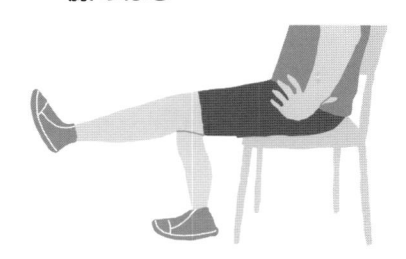

（左右10回ずつ）

③ 下半身編の活用のしかた

- 膝痛があり、基本編のスクワットができない場合に
- 余裕がある場合のプラスα

　下半身編（内ももの運動、太もも裏の運動、膝のばし）は、膝痛があって基本編のスクワットができない場合に実施します。
　また、基本編やヒップアップ編だけでは余裕がある場合、下半身編の3種目を適宜付け加えることも可能です。

内ももの運動　　**太もも裏の運動**　　**膝のばし**

（左右10回ずつ）　　（左右10回ずつ）

5.2 ●「4秒ゆっくり筋トレ」8種目

基本編

スクワット

- 太ももの引き締めに効果的
- 階段の上り下りが楽に
- 膝痛の予防にもお勧め

① エクササイズの方法　10回×2セット

「1, 2, 3, 4」で立ちあがる

声に出してカウントする

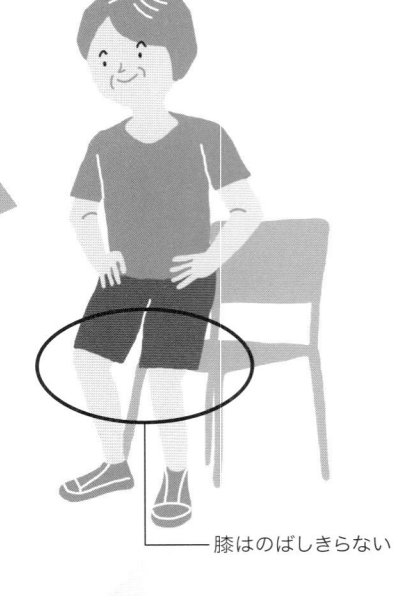

膝はのばしきらない

「1, 2, 3, 4」で座ったつもり

黙って

お尻を後ろに突き出すようにしゃがむ

CHECK LIST

しゃがんだとき
- ☐ 横から見て、膝がつま先より前に出ていない
- ☐ 正面から見て、膝が内側に入っていない
- ☐ 座ったつもりで、座っていない（2回目以降）
- ☐ 座っている場合は、上体はやや前傾

立ちあがったとき
- ☐ 膝がのびきっていない

その他
- ☐ 立ちあがるときにカウント
- ☐ 各動作、4秒間かけている
- ☐ しゃがむとき、視線は正面
- ☐ しゃがむとき、腰が真下に落ちていない

スタートポジション
❶ イス*に座る（洋式トイレに座るイメージで）
❷ 足の幅は肩幅
❸ 膝の幅も肩幅
❹ つま先は30度外向き
❺ 手は腰
❻ 視線は正面

*キャスターなしのイス。慣れてきたらイスなしで。

膝や腰に痛みがある場合、
治療中の場合は医師に相談してください。

スクワット

② FAQ　よくある質問とその答え

Q 筋力が弱く、座った「つもり」ができない。

A 座ってしまう。ただし常に太ももに力が入るように、上体は直立せず、**前傾姿勢**を保つ。立ちあがるときは、膝に手をついて「ヨイショ」と立ちあがっても良い。

Q 膝がつま先よりも前に出る。

A 洋式トイレに座るイメージで、お尻を後ろに突き出す。

Q 膝をつま先より前に出ないようにすると、後方へ倒れそうになる。

A 上体が起きすぎていないかチェック。上体をやや前傾気味にしたり、かかとに2〜3cmの詰め物を敷く。もしくは両手を肩の高さで前にあげてバランスをとる。

Q 膝が内側に入る。

A 膝の幅も肩幅と同じにするよう意識する。また太ももとつま先が同じ方向になるように。

Q 腰が張る、痛い。

A 胸を張りすぎない。上体をやや前傾させる。

Q スクワットで膝が痛くなった。

A 急に腫れたり、水がたまったり、熱を持ったときは中止して整形外科を受診。しかし、慢性的な痛みの場合は、座面に座布団やクッションなどを敷いてイスの座る位置を高くして、痛くない範囲で実施。もしくは種目を、膝あげ(基本編)、内ももの運動(下半身編)、太もも裏の運動(下半身編)、膝のばし(下半身編)に変える。

Q つい、反動を使ってしまう。

A 膝を痛めかねないので、立ちあがるとき、しゃがむとき、どちらも最初の「1」は1cmくらいしか動かないつもりで行う。

Q 人工の股関節が入っている。

A スクワットは基本的に問題ないが、念のため主治医に確認する。

Q どんなイスが良い？

A キャスターのついていないイスを使う。

Q イスの高さは？

A 座って太ももと床が平行になる程度の高さ、もしくはそれよりも低め。

基本編

③ 運動時の声かけの例

スクワットの声かけ

	声かけ
Step1	今からスクワットをやります。 この運動は太ももを引き締めたい人はもちろん、最近階段の上り下り、バスの乗り降りがつらいという人にもお勧めです。 まず私の動きを見てくださいね。 イスから4秒間かけて立ちあがります。そして4秒間かけて元の位置に座ります。これを繰り返すだけです。効果をあげるポイントは「4秒間」。ゆっくりやることが大切です。
Step2	さぁ、では一緒にやってみましょう。 まずはスタートポジションです。 詳細は配布した資料に書いてますので、お家に帰って忘れたと思ったら見てくださいね。 スクワットをマスターするのに一番良い方法は洋式トイレでやることなんです。 なのでまず洋式トイレに座っているとイメージしてください。それもベストポジションです。前過ぎず、後ろ過ぎず、トイレが汚れないポジションですよ。 そして常にこのベストポジションに戻るようにします。ベストポジションOKですか？ 次に足幅は肩幅。膝の幅も肩幅です。特に女性は膝だけ内側に入れる方がみえますが、そうならないように注意してください。 つま先は30度外向きです。 手は腰にあて、目線は常に正面。 ついつい下を向きがちですが、下を向かないように気をつけてください。 これでスタートポジションはOKです。
Step3	では立ちあがっていきましょう。 4秒間ですよ。 「1，2，3，4」と数えながら立ちあがっていきましょう。 「1，2，3，4」 いいですねぇ、4秒間って結構長いでしょ？ 次は4秒間かけて座っていきます。 座るときは声を出さずに黙って。 覚えてますか？ ベストポジションに戻ってくださいね。 では座っていきます。 私だけ4秒数えますね。皆さんは黙って座ってください。
Step4	じゃ、もう1回やってみましょう。 今度は立ちあがるときに膝をピンとのばしきるのではなく、少し曲げた状態にしてください。 そうすれば常に太ももに力が入った状態を維持することができます。 「1，2，3，4」 はい、では黙って座っていきましょう。洋式トイレのベストポジションですよ。 私だけ数えますね。「1，2，3，4」。 もう一度、今度は数えながら立ちあがりましょう。 「2，2，3，4」。 膝はのばしきる手前で止めてあげてくださいね。 いいですねぇ。 はい、今度は黙って座っていきます。 座ったときに上体を起こしてしまうと、太ももに力が入りません。 常に力が入った状態にしたいので、座ったときは上体を少し前傾させるようにしてください。これで太ももはいつも硬いでしょ？ どれくらい倒せば良いか？ イメージとしては、イスから立ちあがる瞬間の角度です。 あと呼吸はどうするか？とよく聞かれます。 皆さん、カウントしてもらいましたよね？ 立ちあがるときでした？ 座るときでした？ そうです。立ちあがるときに「1，2，3，4」とカウントすれば、息を吐いてることになります。呼吸は「立ちあがるときにカウントする」これだけでOKです。 いつ吸うか？ どこかで吸ってるから、毎回カウントすることができるのです。なので、いつ吸うかは気にしないでください。立ちあがるときにカウントすることだけを忘れないように！！
Step5	ではもう一度。 まずはスタートポジション。 足幅は？ そうですね肩幅です。 膝の幅は？ はい肩幅。 つま先は？ そうです30度外向きですね。 手は腰にあて、目線は常に正面。 それでは「1，2，3，4」と数えながら立ちあがっていきましょう。 膝は少し曲げた状態ですよ。 いいですねぇ。 座っていきましょう。 ポイントはお尻を真下ではなく、後ろに突き出すようにします。 これで楽にベストポジションに座ることができます。座るときも4秒間。このときは？ カウントします？ 黙ってやります？ そうですね、黙って座っていきましょう。 前をしっかり見てくださいね。下を見ないでね。 2回目です。「2，2，3，4」。膝は少し曲げたまま。 次に座っていきます。黙って4秒間。 はい、このとき座った「つもり」で止めてください。 座ってはダメです。きついでしょ？ 太もも触ってみてください。 どうですか？ かなり硬くなってるのがわかると思います。 これがきつい方は、座ってもらって結構です。ただ上体はさっきやったように前傾させてくださいね。 これを10回繰り返します。 最初のうちはきついですが、1週間もしないうちにできるようになります。 なかには4秒間ではなく、2秒くらいで20回30回やる方がみえます。ちょっとやってみましょうか。楽にできるでしょ？ でもこれでは効果はまったく期待できません。 何のためにやるんですか？ そうです、結果を出すためですよね。だからゆっくり4秒かけてやるようにしてくださいね。

スクワット

意図・実施上の注意点
【エクササイズの効果を説明】 ここで「やってみよう」と思わせるような効果効能の説明が重要。
【デモンストレーション】 最初から一緒にやるのではなく、まずはやってみせて、エクササイズの全体像を把握してもらう。
【スタートポジションの説明】 説明しながら、一緒にやっていく。 このとき、一気に説明するのではなく、「1つの動作を説明→やってもらう」というように、段階を踏みながら進める。
【一緒にやってみる】 1回目は立ちあがる、座るだけの基本的動作のみ。膝の角度や座ったつもりなどは、Step 4以降で順次説明。 1, 2で立ちあがって、3, 4はジッとしている人もいるので、4秒間で立ちあがっているか確認する。
【課題を徐々に増やす】 次の課題、膝をのばしきらない、座ったときの上体のポジションを説明。何度か練習する。 呼吸についても説明。その際、一方的に説明するのではなく、質問して答えてもらいながら進めると、参加者も集中力が続くし、記憶にも残りやすい。
【最初から復習】 スタートポジションをこちらから再度説明するのではなく、「足幅は?」「つま先の角度は?」と問いかけ、答えてもらうことで、知識の定着を促す。 動作についても、同じ方法で説明。 座ったつもりがきつい人への対処法についても説明。また慣れてくると、動作が速くなりやすい。そうなると効果が期待できないので、4秒間かけて行うことを再度確認。

コラム

なぜイスを使うのか

スクワットは適切なフォームで実施すれば、大腿四頭筋をはじめ下半身の筋力向上が期待できます。しかし、正しいスクワットを短時間で習得するのは容易ではありません。特にスクワットの経験がない人たちは、「しゃがみこんで」と言われると、ほとんどの場合、腰を真下に落とそうとします。その結果、膝が大きく前に突き出たり、正面から見て膝が内側に入ったフォームになってしまいます。これでは膝関節を痛めかねません。

ところが、どんなにフォームが良くない人でも、非常に素晴らしいフォームになるときがあることに気づいたのです。それは**イスから立ちあがる瞬間**でした。それならば!ということで、まずは「イスから立ちあがり、元の位置に戻って座る」という動きから始め、慣れてきたところで「座ったつもり」に移行していきました。現在は、筋力の強い人であっても、まずイスを使ったスクワットを導入エクササイズとして紹介しています。

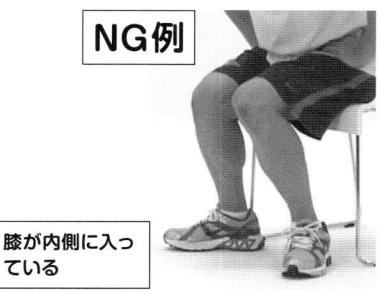

NG例 膝がつま先より前に出ている

NG例 膝が内側に入っている

基本編

膝あげ

- 下腹部の引き締めに効果的
- 姿勢が良くなる（見た目が若返る）
- 太ももの引き締めに効果的
- 転倒しにくくなる

① エクササイズの方法　　左右10回ずつ×2セット

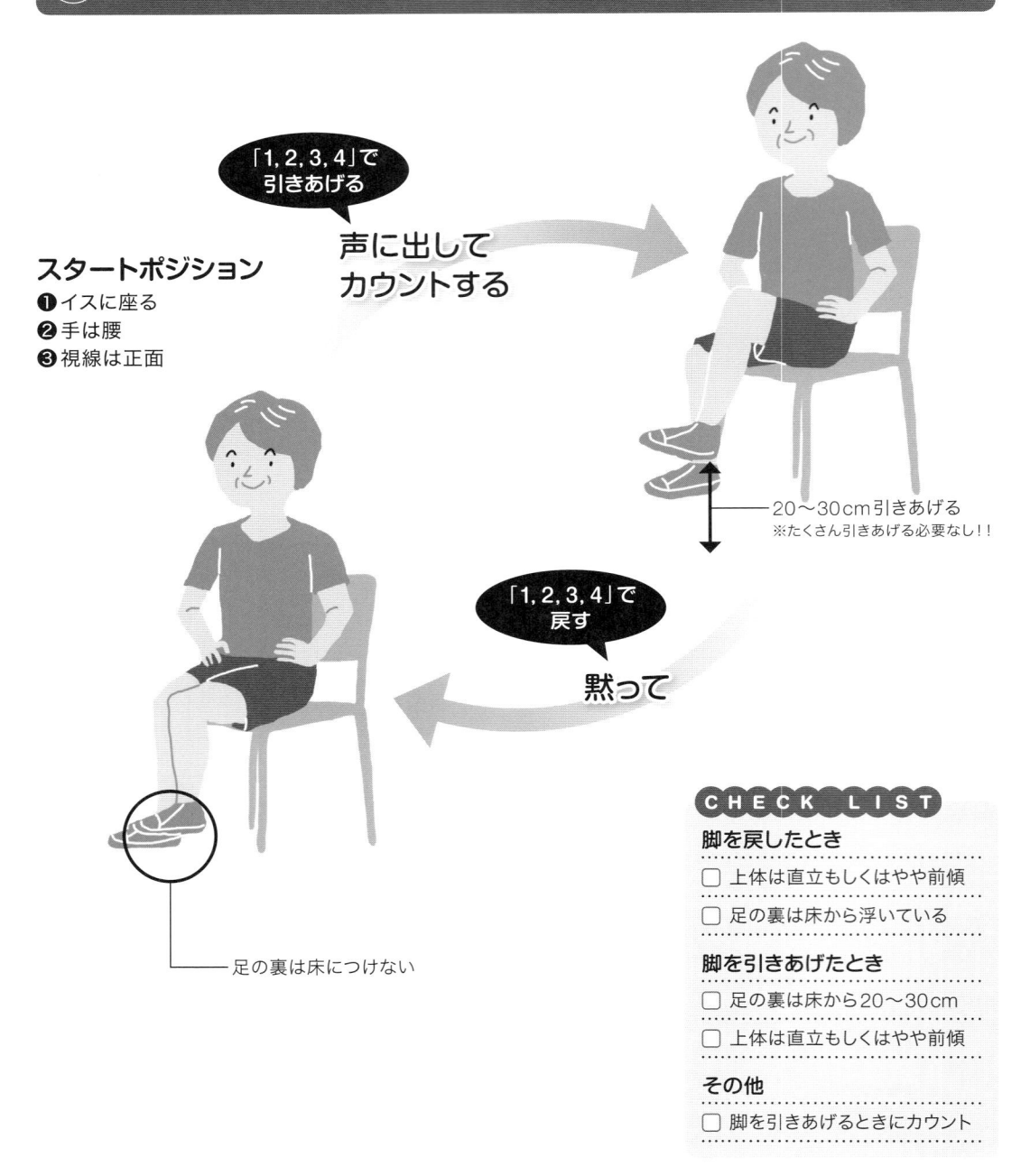

スタートポジション
❶ イスに座る
❷ 手は腰
❸ 視線は正面

「1, 2, 3, 4」で引きあげる
声に出してカウントする

20〜30cm引きあげる
※たくさん引きあげる必要なし！！

「1, 2, 3, 4」で戻す
黙って

足の裏は床につけない

CHECK LIST

脚を戻したとき
☐ 上体は直立もしくはやや前傾
☐ 足の裏は床から浮いている

脚を引きあげたとき
☐ 足の裏は床から20〜30cm
☐ 上体は直立もしくはやや前傾

その他
☐ 脚を引きあげるときにカウント

膝あげ

② FAQ よくある質問とその答え

Q どんな人にお勧めですか？

A 変形性膝関節症や膝痛のためスクワットができない方が、太ももを鍛えるエクササイズとしてお勧めです。また、場所的な問題や筋力が弱いため、床に寝て腹筋エクササイズができない場合にもお勧めです。

Q 膝あげの効果は？

A 脚を引きあげる筋肉（腸腰筋）を鍛えることで、足を引きずらなくなるので転倒しにくくなる、歩く姿勢が良くなる、猫背が改善するなどの効果が期待できます。

Q 上体の前傾具合は？

A 背もたれにもたれかかった（ふんぞり返ったような）状態、逆に過度な前傾姿勢では効果が期待できません。上体は直立、もしくは椅子から立ちあがるときと同じ程度の前傾で行うようにします。

Q 腹筋が意識できない

A お腹の中（奥）にあって脚を引きあげる腸腰筋（実際は、大腰筋、腸骨筋、小腰筋の総称）は、外から触っても硬くなっているのがわかりづらく、また意識しづらい筋肉です。しかし、エクササイズを数週間続けるうちに、徐々に「お腹の中が熱くなってきた」感じが出てきます。これが効いている証です。

Q 10回楽にできるようになった場合は？

A まず4秒間かけているか、早くなっていないかを確認してください。4秒間でも楽にできる場合、両脚を同時にあげる方法もあります。このときは、上体をやや後傾させて行います。

Q イスがない場合は？

A 立って行うこともできます。このとき、バランスをとるために片手は壁などにつきます。正面を見ながら、4秒間かけて、太ももと床が平行になるまで片脚を引きあげていきます。また仰向けに寝た状態でもできます。どちらの場合も、引き「あげる」ときにカウントする、足の裏は床につけた「つもり」などの要領は、膝あげと同じです。

Q テレビを見ながらでもいいですか？

A 心ここにあらずの状態では困りますが、そうでなければ是非やってみてください。慣れてくれば、30秒ほど（コマーシャル2つ分）片脚をあげたままテレビを見る方法もお勧めです。

第5章 実技教室を成功させるコツ

5.2 ●「4秒ゆっくり筋トレ」8種目

基本編

③ 運動時の声かけの例

膝あげの声かけ

	声かけ
Step1	今から「膝あげ」をやります。 この運動は、お腹、特に下腹部を引き締めたい人はもちろん、太ももを引き締めたい方、スクワットがちょっときついという方にもお勧めです。続けていると姿勢も良くなって、若々しく見えるようになりますよ。 まず私の動きを見ててくださいね。 イスに座ります。上体はふんぞり返らないで。直立か少し前傾。 4秒間かけて脚を引きあげます。だいたい20〜30cm。 そして4秒間かけて元の位置に戻します。このとき、足の裏は床につけた「つもり」。浮かしたまんまです。これを繰り返すだけです。効果をあげるポイントは「4秒間」。ゆっくりやることが大切です。
Step2	さぁ、では一緒にやってみましょう。 まずはスタートポジションです。 詳細は配布した資料に書いてますので、お家に帰って忘れたと思ったら見てくださいね。 イスに腰をかけます。 手は腰にあて、視線は常に正面。 これでスタートポジションはOKです。
Step3	ではまず右脚から持ちあげていきましょう。 はりきって胸まで膝を引きあげる方がみえますが、たくさん引きあげる必要はありません。 20〜30cmで十分です。 ゆっくり4秒間ですよ。 「1, 2, 3, 4」と数えながら引きあげていきましょう。 「1, 2, 3, 4」 いいですねぇ。 次は4秒間かけて下ろしていきます。 下ろすときは声を出さずに黙って。 では私だけ4秒数えますね。 皆さんは黙って脚を戻していってください。
Step4	じゃ、もう1回やってみましょう。 20〜30cmで十分ですよ。 (脚を持ちあげたときに) 太ももを触ってみてください。 硬くなってるでしょ。この運動は太ももの引き締めにも効果があるんですよ。 あと呼吸は、脚を持ち「あげる」ときに「1, 2, 3, 4」とカウントすれば、息を吐いてることになります。 呼吸は「脚を持ちあげるときにカウントする」これだけでOKです。 いつ吸うか？ どこかで吸ってるから、毎回カウントすることができるのです。なので、いつ吸うかは気にしないでください。脚を持ちあげるときにカウントすることだけを忘れないように！！
Step5	ではもう一度。 まずはスタートポジション。 上体は？ そうですね、直立から少し前傾です。 それでは「1, 2, 3, 4」と数えながら、脚を持ちあげましょう。20〜30cmですよ。 いいですねぇ。 ではゆっくり戻していきます。黙って4秒間。足の裏は床につけますか？ そうですね。床につけたつもりで。 2回目です。「2, 2, 3, 4」と数えながら持ちあげましょう。	お腹に効いてる気がしないという方。 最初は少しわかりにくいかもしれません。でも続けているうちに、お腹の奥が熱くなってきます。これは効いてきた証拠です。 では黙って脚を戻しましょう。足の裏は床につけないでくださいね。 これを10回繰り返します。気をつけていただきたいのは2点です。 1つめは早くやらない。ゆっくり4秒かけてやることです。 2つめは、脚を持ちあげる高さは20〜30cmで十分です。むしろこちらのほうが、たくさんあげるよりもきついんですよ。

膝あげ

意図・実施上の注意点
【エクササイズの効果を説明】 ここで「やってみよう」と思わせるような効果効能の説明が重要。
【デモンストレーション】 最初から一緒にやるのではなく、まずはやってみせて、エクササイズの全体像を把握してもらう。
【スタートポジションの説明】 説明しながら、一緒にやっていく。 このとき、一気に説明するのではなく、「1つの動作を説明→やってもらう」というように、段階を踏みながら進める。
【一緒にやってみる】 1回目は片脚を引きあげる、戻すだけの基本的動作のみ。 高く脚を引きあげる人や、1, 2で引きあげて、3, 4はジッとしている人もいるので、その点を確認する。
【触って実感】 実際に太ももを触って、硬くなっていること、すなわち効いていることを実感してもらう。 呼吸についても説明。
【最初から復習】 スタートポジションをこちらから再度説明するのではなく、「上体は？」「足の裏は？」と問いかけ、答えてもらうことで、知識の定着を促す。 動作についても、同じ方法で説明。 慣れてくると、動作が速くなりやすい。そうなると効果が期待できないので、4秒間かけて行うことを再度確認。

コラム

筋力トレーニングは前だけで十分？

　筋力トレーニングを実施するうえで、前をやれば後ろ、右をやれば左、上をやれば下（そして体幹）と、全身の筋肉を満遍なく刺激することが重要だと言われています。しかし、本書で紹介している基本編3つは、太ももの前を鍛える「スクワット」、腹筋を鍛える「膝あげ」、胸の筋肉を鍛える「ボールつぶし」、すなわちカラダの前面の筋肉を鍛えるエクササイズばかりです。なぜ後ろ、背面を鍛えるエクササイズが入っていないのか？　その理由は、できるだけシンプルなプログラムにするために、「あえて」後部を鍛えるエクササイズは省いているのです。以前、全身を満遍なく鍛えるために7種目のエクササイズを週に3回やってもらったことがありました。確かに効果はあったのですが、7種目のやり方を覚えるのはなかなか大変でした。なかには間違えたフォームでやっていた方も。時間もかかるので、続けるのも大変でした。そこで現在は、68ページで紹介しているように、最初の1～3か月程度は基本編だけにして、慣れてきてから、月、水、金は後ろを鍛えるエクササイズ（本書ではヒップアップ編）とスクワット、残りの4日は今まで通り、慣れて余裕がでてきたら徐々に種目を加えるようにしています。

第5章　実技教室を成功させるコツ

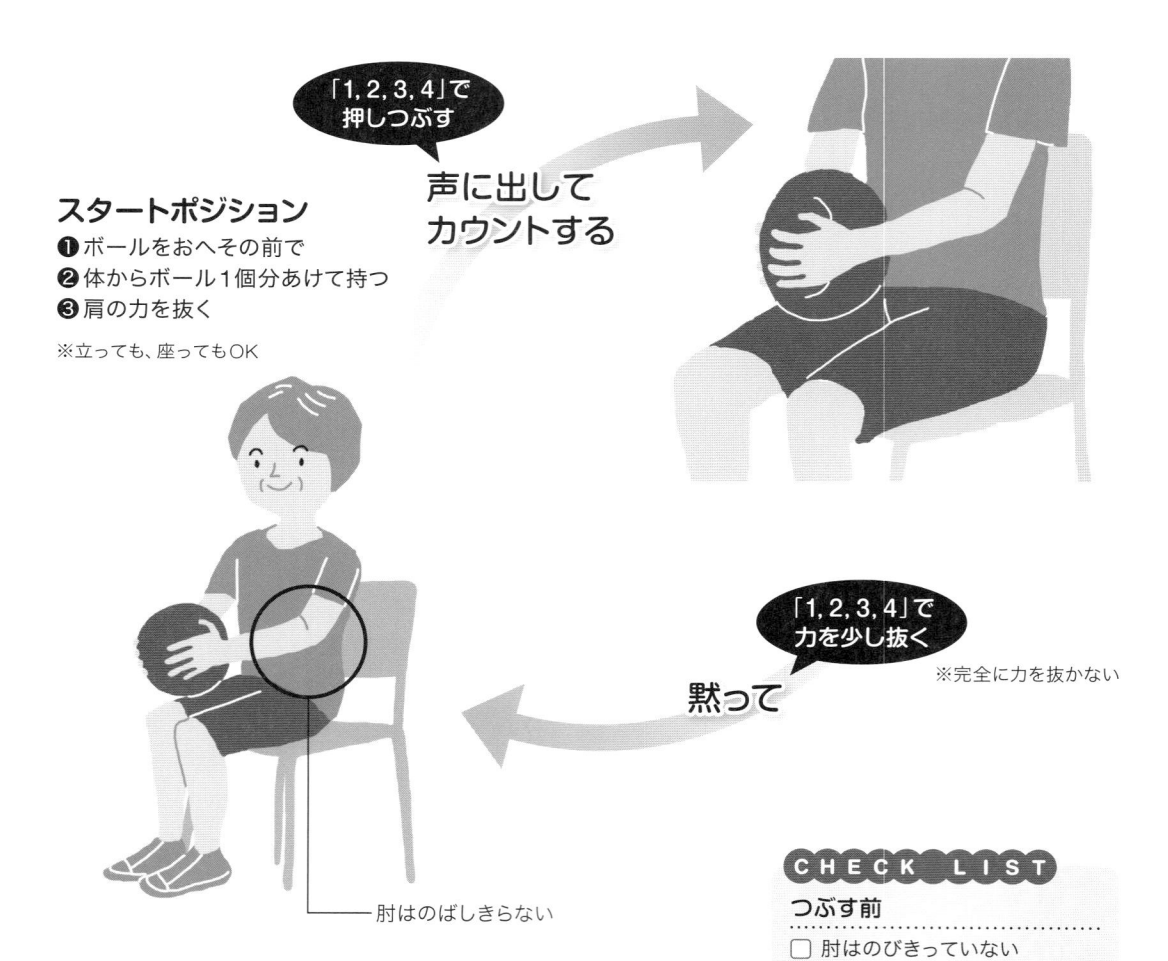

基本編

ボールつぶし
（胸と腕）

バストアップ、二の腕引き締めに効果的（女性向け）

たくましい胸板をつくる（男性向け）

① エクササイズの方法　　10回×2セット

「1, 2, 3, 4」で押しつぶす

声に出してカウントする

スタートポジション
① ボールをおへその前で
② 体からボール1個分あけて持つ
③ 肩の力を抜く

※立っても、座ってもOK

「1, 2, 3, 4」で力を少し抜く

※完全に力を抜かない

黙って

肘はのばしきらない

CHECK LIST

つぶす前
☐ 肘はのびきっていない
☐ 肩の力が抜けている

つぶしたとき
☐ 肘はのびきっていない
☐ 肩の力が抜けている

ボールつぶし（胸と腕）

② FAQ　よくある質問とその答え

Q ボールがない場合はどうしますか？

A キャップをしたペットボトルや折りたたんだクッション、座布団、バスタオルなどがお勧めです。本書の付属DVDでは、ペットボトルやクッションを使ったエクササイズをあわせて紹介しています。

Q エクササイズをするうえでの注意点は？

A 肘をのばしきると、力が入りにくいので、若干肘を曲げた状態で行います。また肩に力を入れたまま行うと肩こりの原因にもなるので、肩を2〜3回上下させて肩の力を抜くようにします。

Q 手首の痛い人もできますか？

A はい、大丈夫です。手首をのばした状態でボールを押しつぶすので、手首が痛い人にもお勧めです。

Q 他にボールを使った胸の運動はありますか？

A おへその前でなく、胸の前でボールを両手で挟み、左右からボールを押しつぶします（①）。また前腕でボールをつぶす方法もあります（②）。

Q 指の位置はどうする？

A 指は離して行う方法（①）と、交互にクロスさせる方法（②）があります。力がより入るのはクロスさせたときです。どちらで行っても構いません。ただし指を組んで行うと、③のようにボールの一部しかつぶせず、結果的に力を十分に出しきることができません。

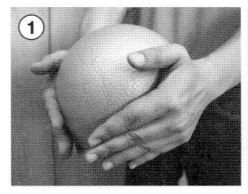

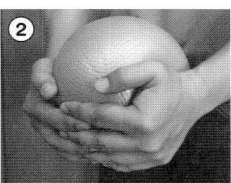

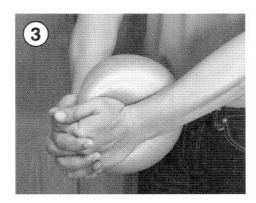

Q 強度を調節するには？

A ボールの空気を多めにすることで強度は高くなります。逆に空気を抜き気味にすると強度は低くなります。

Q 力を十分に出しきる方法は？

A ふだん運動していない方のなかには、力を入れている「つもり」でもまだまだ余裕のある方もみえます。そこで「1、2、3、4」でボールをつぶし終わった後に**「あと1cmだけつぶしてください」**と言うと、より力を出すことができます。

基本編

③ 運動時の声かけの例

ボールつぶし（胸と腕）の声かけ

	声かけ	
Step1	今から「ボールつぶし」をやります。 この運動は、女性ではバストアップ、二の腕の引き締め、男性ではたくましい胸板や腕になりたいという人にお勧めです。 まず私の動きを見てくださいね。 ボールをおへその高さで持って、おへそからボール1つ分前へ。 小さく「前へならえ」のような感じです。 このとき、肘は少し曲がった状態です。 肩の力を抜きましょう。	このまま「1, 2, 3, 4」と数えながらボールを押しつぶししていきます。 そして少し力を抜きます。完全に力は抜きません。 4秒たったら、また「1, 2, 3, 4」と数を数えながらボールを押しつぶしていきます。
Step2	さぁ、では一緒にやってみましょう。 まずはスタートポジションです。 詳細は配布した資料に書いてますので、お家に帰って忘れたと思ったら見てくださいね。 ボールをおへその高さ。 そして小さく前へならえで、おへそからボール1つ分前へ。	肘は少し曲がった状態です。 肩の力を抜いて。 はい、これでスタートポジションはOKです。
Step3	ではボールを押しつぶしていきましょう。 「1」、「2」、「3」、「4」と4回つぶすんじゃないですよ。 4秒間かけて、ゆっくり、ジワーッとつぶしていきます。 少し力を抜きます。完全に力を抜かないように。 少しだけお休みするという感じです。	はい、2回目です。 「2, 2, 3, 4」 いいですねぇ。 はい、少しだけ力を抜いて。
Step4	じゃ、もう1回やってみましょう。 みなさん、お上品です。もっと力が出るはずです。 そのコツは2つ。 1つめは、ボールを憎らしい人の顔と思ってつぶす（笑）。 ほら、力が入るでしょ。 2つめは、「あと1cm余計につぶす！！」。 これでバッチリです。	
Step5	ではもう一度。 まずはスタートポジション。 ボールの高さは？ そうですね。おへその高さですね。 どれくらい離しますか？ はい。ボール1個分。 肩は？ そうです。力を抜きます。 それでは「1, 2, 3, 4」と数えながら、つぶしていきましょう。 では、少しおやすみ。完全に力を抜かないでくださいね。	2回目です。「2, 2, 3, 4」と数えながら押しつぶしましょう。 「あと1cm！！」 そうです。 これを10回繰り返します。気をつけていただきたいのは2点です。 1つめは早くやらない。ゆっくり4秒かけてやることです。 2つめは、何度も言いましたが、完全に力を抜かないこと。いつも腕に力が入ってる状態です。

ボールつぶし（胸と腕）

意図・実施上の注意点
【エクササイズの効果を説明】 ここで「やってみよう」と思わせるような効果効能の説明が重要。
【デモンストレーション】 最初から一緒にやるのではなく、まずはやってみせて、エクササイズの全体像を把握してもらう。
【スタートポジションの説明】 説明しながら、一緒にやっていく。 このとき、一気に説明するのではなく、「1つの動作を説明→やってもらう」というように、段階を踏みながら進める。
【一緒にやってみる】 完全に力を抜く人もいるので、その点を確認する。
【効果をあげるコツ】 力を入れている「つもり」でも、まだ余力のあることが多い。 特に「あと1cm」とかけ声をかけながらやると、女性でも無理なく力を出すことができる。
【最初から復習】 スタートポジションをこちらから再度説明するのではなく、「ボールの高さは？」「肩の力は？」と問いかけ、答えてもらうことで、知識の定着を促す。 動作についても、同じ方法で説明。 慣れてくると、動作が速くなりやすい。そうなると効果が期待できないので、4秒間かけて行うことを再度確認。

コラム

ボールは4秒かけて押しつぶす

4秒かけてボールを押しつぶしてくださいと言うと、なかには「1」「2」「3」「4」と4回押しつぶす人がいます。これでは十分に筋肉を刺激することができません。正しくは、「1、2、3、4」と4秒かけて徐々にボールを押しつぶしていきます。最初のうちは間違いやすいので、特に注意するようにしてください。

コラム

「無理をしないで」の一言が すべてを台無しにする

「筋肉痛が出たら無理しないでくださいね」の一言は、参加者に配慮した対応のように思えます。しかし、筋力トレーニングが初めてという方、特に女性では、初めて筋肉痛を経験する方もいらっしゃいます。当然、カラダに痛みがあると、筋肉痛であっても不安に感じるでしょう。そんなときに「無理をしないで」と言われたら、どうなるでしょう？

なかには痛みが落ちつくまで筋力トレーニングを中断したり、「適当に」筋力トレーニングをやる方も出てきます。こうなると、効果はまったく期待できず、すべてが台無しになってしまいます。だからこそ、「筋肉痛は効いてる証拠ですので、できる範囲でやってくださいね」と最初に伝えて、あらかじめ不安を取り除いておくことが大切なのです。ただし、「もし関節痛、曲がる部分ですね、ここが痛くなったらやめて、教えてくださいね」とお伝えしています。

下半身編

内ももの運動

- 太もも内側の引き締めに効果的
- 膝が痛い人にもお勧め

① エクササイズの方法　10回×2セット

「1, 2, 3, 4」で押しつぶす

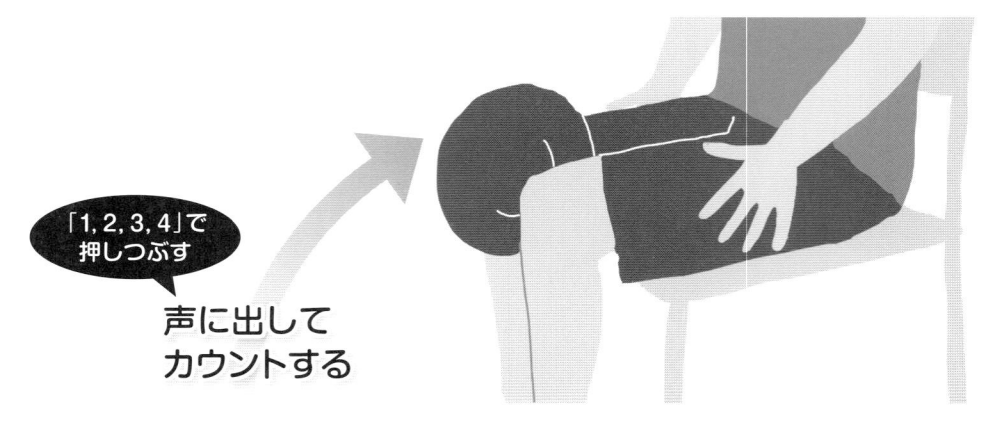

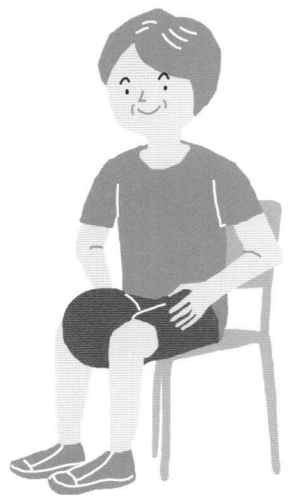

声に出してカウントする

「1, 2, 3, 4」で力を少し抜く

黙って　※完全に力を抜かない

スタートポジション
❶ イスに座る
❷ ボールを両膝の間に挟む

※床に座ってやっても良い

CHECK LIST

つぶす前
☐ ボールを膝頭で挟んでいる

つぶしたとき
☐ 太ももの内側が硬くなっている

内もも の運動

② FAQ　よくある質問とその答え

Q 「膝が痛い人にもお勧め」とありますが

A 膝関節に負荷をかけずに、太もも内側の筋肉を鍛えられる本エクササイズは、膝痛でスクワットのできない方にも有効です。

Q ボールがない場合はどうしますか？

A キャップをしたペットボトルや折りたたんだクッション、座布団、バスタオルなどがお勧めです。本書のDVDでは、ペットボトルやクッションを使ったエクササイズをあわせて紹介しています。

Q イスがない場合

A 床に座って、もしくは仰向けに寝て膝を曲げて行っても構いません。

Q ボールをうまくつぶせない

A ボールを膝ではなく、太ももで挟んでいませんか？　膝関節の内側の固いところ（膝頭）で挟むようにすると、うまく力を入れることができます。

Q 筋肉を意識するには

A 太ももの内側を触って、ボールを押しつぶしたときに筋肉が硬くなるのを確認するようにします。

Q 強度をより高めるためには（力を入れているつもりでも、十分でない場合は）

A 押しつぶしたところで、"あと1cm"余分につぶすようにすると、より強度を高めることができます。

Q 強度を調節するには？

A ボールの空気を多めにすることで強度は高くなります。逆に空気を抜き気味にすると強度は低くなります。

（注）付属DVDでは、両手を太ももの上に置いているので、両手の力も使ってボールをつぶしているようにも見えますが、両脚の力のみで押しつぶすようにしてください。

下半身編

③ 運動時の声かけの例

内ももの運動の声かけ

	声かけ
Step1	今から「内ももの運動」をやります。 この運動は、太もも内側の引き締めに効果があります。 膝が痛くて、スクワットができない方にもお勧めです。 まず私の動きを見ててくださいね。 イスに座って、ボールを両膝で挟みます。 このまま「1，2，3，4」と数えながらボールを押しつぶしていきます。 そして少し力を抜きます。完全に力は抜きません。 4秒たったら、また「2，2，3，4」と数を数えながらボールを押しつぶしていきます。
Step2	さぁ、では一緒にやってみましょう。 まずはスタートポジションです。 詳細は配布した資料に書いてますので、お家に帰って忘れたと思ったら見てくださいね。 ボールは両膝で挟んで。 太ももで挟むのではないですよ。 膝の固いところで挟みます。 これでスタートポジションはOKです。
Step3	ではボールを押しつぶしていきましょう。 「1」、「2」、「3」、「4」と4回つぶすんじゃないですよ。 4秒間かけて、ゆっくり、ジワーッとつぶしていきます。 少し力を抜きます。完全に力を抜かないように。 少しだけお休みするという感じです。 はい、2回目です。 「2，2，3，4」 いいですねぇ。 はい、少しだけ力を抜いて。 太ももの内側を触ってみてください。 硬くなってるでしょ？ 効いてる証拠です。
Step4	じゃ、もう1回やってみましょう。 みなさん、お上品です。もっと力が出るはずです。 そのコツは2つ。 1つめは、ボールを憎らしい人の顔と思ってつぶす（笑）。 ほら、力が入るでしょ。 2つめは、「あと1cm余計につぶす！！」。 これでバッチリです。
Step5	ではもう一度。 まずはスタートポジション。 ボールはどこで挟みますか？ そうですね。膝の固いところですね。 それでは「1，2，3，4」と数えながら、つぶしていきましょう。 では、少しおやすみ。完全に力を抜かないでくださいね。 2回目です。「2，2，3，4」と数えながら押しつぶしましょう。 「あと1cm！！」 そうです。	これを10回繰り返します。気をつけていただきたいのは2点です。 1つめは速くやらない。ゆっくりとやることです。 2つめは、何度も言いましたが、完全に力を抜かないこと。いつも太もも内側に力が入ってる状態です。 お家でやるときは、床に座ってやってもOKですよ。

内ももの運動

意図・実施上の注意点
【エクササイズの効果を説明】 ここで「やってみよう」と思わせるような効果効能の説明が重要。
【デモンストレーション】 最初から一緒にやるのではなく、まずはやってみせて、エクササイズの全体像を把握してもらう。
【スタートポジションの説明】 説明しながら、一緒にやっていく。 この種目はスタートポジションが容易。 太もも（柔らかいところ）で挟むのではなく、両膝の固いところで挟むようにだけ注意をする。 イスがない場合は、床に座って行っても良い。
【一緒にやってみる】 完全に力を抜く人もいるので、その点を確認する。 太ももの内側の筋肉が硬くなってることを確認してもらって、どこを使っているか、どこに効いているかを実感してもらう。
【効果をあげるコツ】 力を入れている「つもり」でも、まだ余力のあることが多い。 特に「あと1cm」とかけ声をかけながらやると、女性でも無理なく力を出すことができる。
【最初から復習】 スタートポジションをこちらから再度説明するのではなく、「どこで挟みますか？」と問いかけ、答えてもらうことで、知識の定着を促す。 動作についても、同じ方法で説明。 慣れてくると、動作が速くなりやすい。そうなると効果が期待できないので、4秒間かけて行うことを再度確認。

> **コラム**
>
> ## ストレッチは必要？
>
> 　「筋トレの前に、ストレッチはやったほうが良いですか？」と聞かれることがあります。結論から言えば、"必須ではない"です。その理由は、ストレッチを実施せずに、自分の体重を負荷にした筋力トレーニングをしても、特に怪我をする心配（リスク）はないからです。ただある程度柔軟性があったほうが良いですし、ストレッチは気持ちがよいエクササイズなので可能な範囲で実施することをお勧めします。ストレッチのポイントは以下の通りです。
>
> - 息は「細く長～く」、30秒間ほどかけてゆっくり吐く。
> - 反動は使わない
> - 痛いか痛くないところまで、ジワーッとのばす。

第5章　実技教室を成功させるコツ

5.2 ●「4秒ゆっくり筋トレ」8種目

下半身編

太もも裏の運動

- 太もも裏側の引き締めに効果的
- 膝が痛い人にもお勧め

① エクササイズの方法　　左右10回ずつ×2セット

「1, 2, 3, 4」で押しつぶす
声に出してカウントする

膝の角度は常に一定

「1, 2, 3, 4」で力を少し抜く
黙って
※完全に力を抜かない

膝はのばしきらない

スタートポジション
① 床に座る
② 両手をついて上体を支える
③ ボールは踵の下に
④ 膝は若干曲げる

CHECK LIST

つぶす前
- [ ] ボールは踵の下
- [ ] 膝はのびきっていない

つぶしたとき
- [ ] 膝はのびきっていない

② FAQ　よくある質問とその答え

Q 「膝が痛い人にもお勧め」とありますが

A 変形性膝関節症の方の中には、膝痛（特に座った姿勢から立ちあがるとき）のため、スクワットができない方もみえます。かといって、何もしないでいると、筋肉はどんどん落ちて、ますます膝が痛くなるという"悪循環"に陥ってしまいます。そんな場合は、膝関節に負荷がかからず、太ももの筋肉を鍛えられる本エクササイズは有効です。太ももの裏側を鍛えるエクササイズとして、他に「お尻あげ（p.94）」もあります。どちらを行っても構いません。もちろん、膝に痛みのない方にもお勧めです。

Q ボールを押しつぶそうとすると、お尻が浮くのですが

A ボールが踵ではなく、ふくらはぎの真ん中から膝に近い位置にあると、お尻が浮き気味になります。踵からアキレス腱でボールを押しつぶすようにします。また膝が一直線になっていても、お尻は浮き気味になりますので、膝は軽く曲げるようにします。

Q ボールがない場合はどうしますか？

A 折りたたんだクッション、座布団、バスタオルなどがお勧めです。本書の付属DVDでは、クッションを使ったエクササイズをあわせて紹介しています。

Q 続けるコツは？

A ボールをリビングなど、いつも過ごす場所に置いておくと、テレビのコマーシャルのときや時間が少しできたときにすぐできます。このように道具を目のつくところに置いておくことはお勧めです。

下半身編

③ 運動時の声かけの例

太もも裏の運動の声かけ

	声かけ	
Step1	今から「太もも裏の運動」をやります。 この運動は、太もも裏側の引き締めに効果があります。 膝が痛くて、スクワットができない方にもお勧めです。 まず私の動きを見ててくださいね。 床に座って、両手をついて上体を支えます。 ボールは踵の下に、そして膝は若干曲げます。 このまま「1，2，3，4」と数えながらボールを押しつぶしていきます。	そして少し力を抜きます。完全に力は抜きません。 4秒たったら、また「2，2，3，4」と数を数えながらボールを押しつぶしていきます。
Step2	さぁ、では一緒にやってみましょう。 まずはスタートポジションです。 詳細は配布した資料に書いてますので、お家に帰って忘れたと思ったら見てくださいね。 床に座って、両手をついて上体を支えます。 ボールは踵の下に、そして膝は若干曲げます。 これでスタートポジションはOKです。	
Step3	ではボールを押しつぶしていきましょう。 「1」、「2」、「3」、「4」と4回つぶすんじゃないですよ。 4秒間かけて、ゆっくり、ジワーッとつぶしていきます。 少し力を抜きます。完全に力を抜かないように。 少しだけお休みするという感じです。 はい、2回目です。 「2，2，3，4」 いいですねぇ。 はい、少しだけ力を抜いて。	太ももの裏側を触ってみてください。 硬くなってるでしょ？ 効いてる証拠です。
Step4	じゃ、もう1回やってみましょう。 みなさん、お上品です。もっと力が出るはずです。 そのコツは2つ。 1つめは、ボールを憎らしい人の顔と思ってつぶす（笑）。 ほら、力が入るでしょ。 2つめは、「あと1cm余計につぶす！！」。 これでバッチリです。	
Step5	ではもう一度。 まずはスタートポジション。 ボールの位置は？ そうですね。踵のところですね。 膝はのばしますか？　はい、若干曲げてください。 それでは「1，2，3，4」と数えながら、つぶしていきましょう。 では、少しおやすみ。完全に力を抜かないでくださいね。 2回目です。「2，2，3，4」と数えながら押しつぶしましょう。	「あと1cm！！」 そうです。 これを10回繰り返します。右をやったら、左もやってください。気をつけていただきたいのは2点です。 1つめは速くやらない。ゆっくりとやることです。 2つめは、何度も言いましたが、完全に力を抜かないこと。いつも太もも裏側に力が入ってる状態です。

太もも裏の運動

意図・実施上の注意点
【エクササイズの効果を説明】 ここで「やってみよう」と思わせるような効果効能の説明が重要。
【デモンストレーション】 最初から一緒にやるのではなく、まずはやってみせて、エクササイズの全体像を把握してもらう。
【スタートポジションの説明】 説明しながら、一緒にやっていく。 この種目では、ふくらはぎの下にボールを置いたり、膝をピンとのばす方がみえる。こうなると、ボールを押しつぶすときにお尻が浮いたりするので、ボールは踵の下に、膝も若干曲げるようにする。
【一緒にやってみる】 完全に力を抜く人もいるので、その点を確認する。 太ももの裏側の筋肉が硬くなってることを確認してもらって、どこを使っているか、どこに効いているかを実感してもらう。
【効果をあげるコツ】 力を入れている「つもり」でも、まだ余力のあることが多い。 特に「あと1cm」とかけ声をかけながらやると、女性でも無理なく力を出すことができる。
【最初から復習】 スタートポジションをこちらから再度説明するのではなく、「ボールの位置は？」「膝はのばす？」と問いかけ、答えてもらうことで、知識の定着を促す。 動作についても、同じ方法で説明。 慣れてくると、動作が速くなりやすい。そうなると効果が期待できないので、4秒間かけて行うことを再度確認。

> **コラム**
>
> ## エクササイズのときに音楽は必要ですか？
>
> 　本書で紹介している自分の体重やボールを使った筋力トレーニングは、単調になりやすいという面があります。指導者のカウントだけでは寂しく感じるときは、音楽を使うことをお勧めします。ただエアロビクスのように音楽にあわせて運動するわけではないので、あくまでバックミュージックとして流しておき、動作は自分自身のカウントを基準にして行います。
>
> 　私はハワイアンミュージックを使うことが多いのですが、お気に入りの曲を参加者に持ってきてもらって、それを流しながらエクササイズをすることもあります。演歌でスクワットもなかなかですよ。

第5章 実技教室を成功させるコツ

下半身編

膝のばし

- 太もも前側の引き締めに効果的
- 膝が痛い人にもお勧め
- （太ももを浮かすと）下腹部の引き締めに効果的

① エクササイズの方法　左右10回ずつ×2セット

「1, 2, 3, 4」で脚をのばす
声に出してカウントする

膝はのばしきらない

「1, 2, 3, 4」で脚をおろす
黙って
※ストンと一気に脚をおろさない

足裏は床につけない

スタートポジション
❶ イスに座る
❷ 目線は正面

余裕がある場合
● 太ももを少し浮かす
（太もも裏と座面に手のひらが入る程度）

CHECK LIST

膝をのばす前
☐ 足裏は床についていない
☐ 太ももが座面から浮いている（余裕がある場合）

膝をのばしたとき
☐ 膝はのばしきらない
☐ 太ももが座面から浮いている（余裕がある場合）

② FAQ　よくある質問とその答え

Q: 皆さん、楽々とできるのですが

A: 1秒、2秒でさっさと膝をのばすやり方だと、筋力が弱い方でも楽々できてしまいます。まず4秒間かけて行っているかを確認してください。それでも楽にできるようになった場合は、**太ももの裏側を座面から少し浮かして**行うようにします。これで一気に強度が高くなります。ただし太ももを浮かせば浮かすほど効果があがるわけではありません。手のひら1つ分だけで十分です。

Q: チューブをイスの脚にくくりつける方法はどうでしょう？

A: リハビリなどでは、運動強度を高めるために、イスの脚にくくりつけたチューブを、足首に巻き付けることがあります。確かに強度を高くできるというメリットもありますが、やっているうちに足首のチューブがずり上がってくる、チューブのセッティングが面倒くさく自宅ではやりにくい、その結果なかなか継続しないといったデメリットもあります。そのため、筆者はチューブを使わない本エクササイズを行っています。

Q: 脚の戻し方は？

A: 脚をストンとおろすと、太ももの筋肉は使われず、効果は半減してしまいます。おろすときも4秒間かけて、動きを「コントロール」するようにします。

Q: 膝をのばすだけで、どうして下腹部が引き締まるのですか？

A: 太ももの裏側が座面についている状態では下腹部には効きません。太ももを少し浮かすことで、下腹部（腸腰筋）も働くため下腹部が引き締まってきます。

Q: 下腹部（腸腰筋）を鍛える意義は？

A: 下腹部（腸腰筋）を鍛えることで、すり足歩行が改善し、その結果、転倒のリスクが減ります。また骨盤が後傾しにくくなって見た目が若返る効果も期待できます（3ページ）。

下半身編

③ 運動時の声かけの例

膝のばしの声かけ

	声かけ
Step1	今から膝のばしをやります。 この運動は太ももの前やお腹を引き締めたい人はもちろん、スクワットだと膝が痛い、そんな人にもお勧めです。 まず私の動きを見ててくださいね。 イスに座って、前を見ます。 そこから4秒間かけて膝をのばしていきます。このとき、膝をピンとのばす必要はありません。 そして4秒間かけて戻します。このときは、踵は床につけず、足は浮かしたままにします。 これを繰り返すだけです。効果をあげるポイントは「4秒間」。ゆっくりやることが大切です。
Step2	さぁ、では一緒にやってみましょう。 まずはスタートポジションです。 詳細は配布した資料に書いてますので、お家に帰って忘れたと思ったら見てくださいね。 イスに座って、前を見てください。スタートポジションは、これでOKです。
Step3	では膝をのばしていきましょう。 4秒間ですよ。 「1, 2, 3, 4」と数えながら膝をのばしていきます。 「1, 2, 3, 4」 いいですねぇ、4秒間って結構長いでしょ? 次は4秒間かけて戻していきます。 このときは、声を出さずに黙って。 覚えてますか? 戻したとき、踵は床につけず、足を浮かしたままで。 私だけ4秒数えますね。皆さんは黙って脚を戻していってください。
Step4	じゃ、もう1回やってみましょう。 余裕のある人は、太ももも少し浮かして、だいたい太ももの裏側とイスの座面の間に手のひらが入るくらいです。その状態から、膝をのばしていきましょう。 もう一度、今度は数えながら膝をのばしていきましょう。 カウントは膝をのばして、足を持ち「あげる」ときにします。 戻すときは黙って。 これで呼吸はOKです。 「1, 2, 3, 4」。 膝はのばしきる手前で止めてあげてくださいね。 いいですねぇ。 太ももを触ってください。 硬くなってるでしょ? これは効いてる証拠ですよ。 はい、今度は黙って戻していきます。 力を抜いて、一気にストンとおろさないでくださいね。 効果は半減しますよ。 踵は床につけないで、浮かしてくださいね。
Step5	ではもう一度。 まずはスタートポジション。 座って、正面ですね。 次に4秒かけて膝をのばしていきます。 このとき、膝はピンとのばしますか? はい、少し曲げた状態で止めてあげます。 戻したとき踵は? そうですね、床につけず浮かした状態で。 楽々できる場合は? はい、**太ももを少しだけで良いので、浮かしてください。** これだけで、かなりきつくなります。 では膝をのばしていきましょう。 のばすときも、戻すときも4秒間。 このときは? カウントします? 黙ってやります? そうですね。のばして足を持ち「あげる」ときはカウントする。 戻すときは黙って。 2回目です。太ももを少し浮かしましょうか。 そうです。はい膝をのばしていきましょう。「2, 2, 3, 4」 少し曲げた状態から、黙って戻していきましょう。 もう一度、太ももを触ってみてください。 どうですか? かなり硬くなってるのがわかると思います。 これを10回繰り返します。 なかには4秒間ではなく、2秒くらいで20回30回やる方がみえます。ちょっとやってみましょうか。楽にできるでしょ? でもこれでは効果はまったく期待できません。何のためにやるんですか? そうです、結果を出すためですよね。だからゆっくり4秒かけてやるようにしてくださいね。

膝のばし

意図・実施上の注意点
【エクササイズの効果を説明】 ここで「やってみよう」と思わせるような効果効能の説明が重要。
【デモンストレーション】 最初から一緒にやるのではなく、まずはやってみせて、エクササイズの全体像を把握してもらう。
【スタートポジションの説明】 説明しながら、一緒にやっていく。 このとき、一気に説明するのではなく、「1つの動作を説明→やってもらう」というように、段階を踏みながら進める。
【一緒にやってみる】 1, 2で膝をのばして、3, 4はジッとしている人もいるので、4秒間で膝をのばしているか確認する。
【課題を徐々に増やす】 次の課題、膝をのばしきらない、戻したときには踵は床につけない、余裕があるなら太ももを浮かすことを説明し、何度か練習する。呼吸についても説明。その際、一方的に説明するのではなく、質問して答えてもらいながら進めると、参加者も集中力が続くし、記憶にも残りやすい。
【最初から復習】 スタートポジション、動作ともこちらから再度説明するのではなく、「膝はピンとのばす?」「楽にできるときはどうする?」と問いかけ、答えてもらうことで、知識の定着を促す。 慣れてくると、動作が速くなりやすい。そうなると効果が期待できないので、4秒間かけて行うことを再度確認。

コラム

エクササイズ種目のネーミング

　本書では、一般に広く知られるようになった「スクワット」を除いて、種目名に「レッグエクステンション」、「ヒップリフト」などのカタカナ名は使わず、「膝のばし」、「お尻あげ」など和名で紹介しています。その理由は、高齢者にとってカタカナ文字では、動作がイメージしにくいためです。和名にして、すぐに「あぁ、あの運動ね」とわかってもらえるようにしたほうが、混乱することなくスムーズに取り組めます。

第5章 実技教室を成功させるコツ

ヒップアップ編

お尻あげ

- ヒップアップに効果的
- 太もも裏側の引き締めに効果的

① エクササイズの方法　10回×2セット

「1, 2, 3, 4」でお尻をあげる

声に出してカウントする

肩・腰・膝は一直線

腰は反らしすぎない

お尻は床につけない

「1, 2, 3, 4」でお尻をおろす

黙って

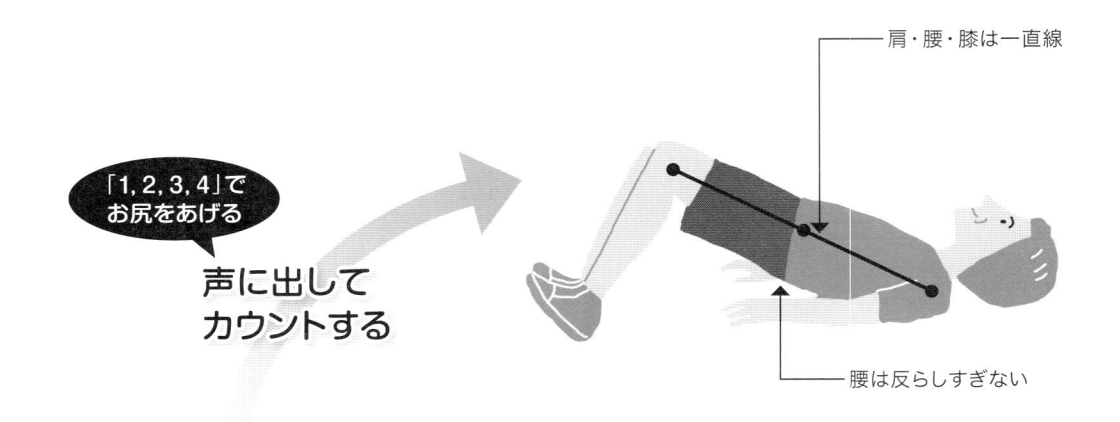

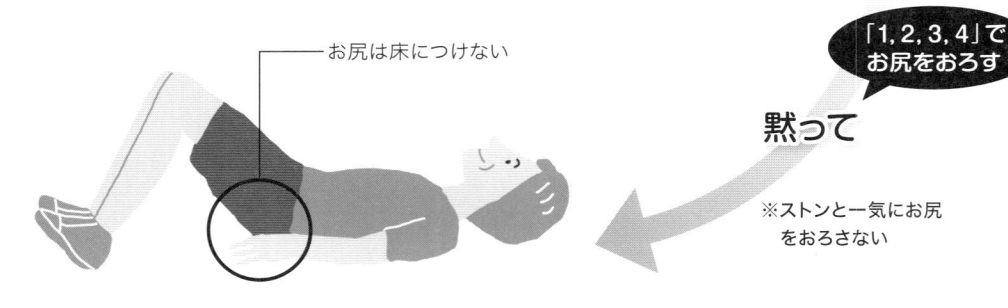

※ストンと一気にお尻をおろさない

スタートポジション
1. 仰向けに寝る
2. 手は体の横
3. 膝は90度曲げる
4. つま先は若干あげる

CHECK LIST

お尻をおろしたとき
- ☐ お尻は床についていない
- ☐ つま先は若干あがっている

お尻をあげたとき
- ☐ 肩・腰・膝は一直線
- ☐ 腰は反らしすぎない

お尻あげ

② FAQ　よくある質問とその答え

Q お尻があがらない人への対応は?

A 筋力が弱いと、肩・腰・膝が一直線になるまで腰を浮かすことができません。その場合は"できる範囲"で腰を浮かす、まったくあがらないときは力だけは入れて、"あげる努力"をしてもらうようにします。

Q 早く、高く腰を浮かしたほうが効果はあがりますか?

A 反動を使ったり、素早く動いて腰を高く持ちあげようとする方もみえますが、これは効果が期待できないだけでなく、腰を痛める危険性もあります。必ず肩・腰・膝が一直線となるように、そして4秒間かけてていねいに行うようにしてください。

Q お尻のおろし方は?

A 膝のばし(p.90)の脚を戻すときと同様、お尻をストンとおろすと効果は半減します。おろすときも4秒間かけて、動きを「コントロール」するようにします。

Q お尻あげが楽々できる人への対応は?

A 筋力が強い方では楽々できるという場合もあります。そんなときは、脚を組んで片脚で行います。脚を組む以外のやり方は、両脚をついたお尻あげと同じです。

Q どうして、つま先をあげるのですか?

A 足裏全体を床につけたままお尻をあげると、ふくらはぎがつることがあります。つま先をあげることで、つるのを防ぐようにします。もともとつらない場合は、つま先を浮かす必要はありません。

第5章　実技教室を成功させるコツ

ヒップアップ編

③ 運動時の声かけの例

お尻あげの声かけ

	声かけ
Step1	今からお尻あげをやります。 この運動はヒップアップをしたい人、そして膝が痛くてスクワットができない、そんな人にもお勧めです。 まず私の動きを見ててくださいね。 床に仰向けに寝ます。手はカラダの横に。膝は90度曲げます。つま先は少しあげてください。 そして4秒間かけてお尻を持ちあげていきます。目安は、横から見て肩・腰・膝が一直線になる程度。 そして4秒間かけて戻します。戻すときはお尻を床につけた「つもり」。浮かせたままです。 これを繰り返すだけです。 効果をあげるポイントは「4秒間」、ゆっくりやることが大切です。
Step2	さぁ、では一緒にやってみましょう。 まずはスタートポジションです。 詳細は配布した資料に書いてますので、お家に帰って忘れたと思ったら見てください。 それでは、私の言う通り、一緒にやってみてくださいね。 まず床に仰向けに寝ます。 手はカラダの横に。 膝は90度曲げます。 つま先を少しあげます。なかにはふくらはぎがつる人もみえるのですが、つま先をあげることで防ぐことができますよ。 これでスタートポジションはOKです。
Step3	ではお尻を持ちあげていきましょう。 4秒間ですよ。 「1, 2, 3, 4」と数えながら。 いいですねぇ、4秒間って結構長いでしょ? 次は4秒間かけて戻していきます。 戻すときは声を出さずに黙って。 私だけ4秒数えますね。皆さんは黙って戻してください。
Step4	じゃ、もう1回やってみましょう。 お尻を持ちあげるとき、張り切ってたくさん持ちあげようとする人がいます。これは腰を痛める原因にもなるので、横から見て「肩・腰・膝が一直線」になる程度にします。これくらいで十分です。 「1, 2, 3, 4」カウントしながら、お尻を持ちあげていきましょう。 ゆっくりですよ。 はい、では黙って戻していきましょう。 私だけ数えますね。「1, 2, 3, 4」。 2回目、今度は一緒に数えながらお尻を持ちあげましょう。 「2, 2, 3, 4」。 「肩・腰・膝」は一直線ですよ。 いいですねぇ。 お尻を持ちあげるのがつらい人は、できる範囲で持ちあげるだけでもOKですよ。 はい、今度は黙ってお尻を戻していきます。力を抜いてお尻をストンとおろさないでください。効果は半減しますよ。 おろしたとき、お尻は床につけないで。常に浮かした状態で。こうすれば、ずっとお尻から太ももの裏側に力が入った状態が続きます。 浮かすのがつらい人は、床にお尻をつけてもらっても結構です。 あと呼吸はどうするか? とよく聞かれます。 皆さん、カウントしてもらいましたよね? お尻を持ちあげるときでした? 戻すときでした? そうです。お尻を「あげる」ときに「1, 2, 3, 4」とカウントすれば、息を吐いてることになります。呼吸は「お尻を持ちあげるときにカウントする」。これだけでOKです。 いつ吸うか? どこかで吸ってるから、毎回カウントすることができるのです。なので、いつ吸うかは気にしないでください。お尻を持「あげる」ときにカウントすることだけを忘れないように!!
Step5	ではもう一度。 まずはスタートポジション。 仰向けに寝て、手はカラダの横。 膝の角度は? はい、90度ですね。 つま先は? そうです。少し浮かしてください。 それではお尻を持ちあげていきます。 ポイントは? そうですね。「肩・腰・膝が一直線」になるまで持ちあげます。 きつい場合は、できる範囲で結構です。ただ腰が反るほど持ちあげないように気をつけてください。腰を痛める原因になるので。 カウントするのはどっち? そうですね。お尻を持「あげる」ときですね。 では一緒に。「1, 2, 3, 4」。いいですねぇ。 はい、次は黙って戻していきましょう 私だけ数えますね。「1, 2, 3, 4」。 できる人は、お尻を浮かしたまま。きつい人は、お尻を床につけてもOKです。2回目です。つま先は少し浮かしたままですよ。 「2, 2, 3, 4」。 はい、太ももの後ろ、お尻のあたりを触ってみてください。 硬くなってるでしょ? 効いてる証拠です。 はい、戻していきます。黙って4秒間。 お尻を床につけた「つもり」で止めてください。 これを10回繰り返します。 最初のうちはきついですが、1週間もしないうちにできるようになります。 なかには4秒間ではなく、2秒くらいで20回30回やる方がみえます。ちょっとやってみましょうか? 楽にできるでしょ? でもこれでは効果はまったく期待できません。 何のためにやるんですか? そうです、結果を出すためですよね。だからゆっくり4秒かけてやるようにしてください。

お尻あげ

意図・実施上の注意点
【エクササイズの効果を説明】 ここで「やってみよう」と思わせるような効果効能の説明が重要。
【デモンストレーション】 最初から一緒にやるのではなく、まずはやってみせて、エクササイズの全体像を把握してもらう。
【スタートポジションの説明】 説明しながら、一緒にやっていく。 このとき、一気に説明するのではなく、「1つの動作を説明→やってもらう」というように、段階を踏みながら進める。
【一緒にやってみる】 1回目はお尻を持ちあげる、戻すだけの基本的な動作のみ。お尻をあげる高さや呼吸などは、ステップ4以降で順次説明。 1, 2で持ちあげて、3, 4はジッとしている人もいるので、4秒間かけてお尻をもちあげているか確認する。
【課題を徐々に増やす】 次の課題、腰をあげすぎない、戻したときにお尻を浮かして強度をあげる方法を説明し、何度か練習する。 ただし筋力が弱い高齢者の中には、お尻を持ちあげられない、浮かしていられない方もみえるので、その場合は、「肩・腰・膝が一直線」になるまで持ちあげる必要はないこと、またお尻を床につけてもいいことを伝える。 呼吸についても説明。その際、一方的に説明するのではなく、質問して答えてもらいながら進めると、参加者も集中力が続くし、記憶にも残りやすい。
【最初から復習】 スタートポジションをこちらから再度説明するのではなく、「膝の角度は？」「つま先は？」と問いかけ、答えてもらうことで、知識の定着を促す。 動作についても、同じ方法で説明。 「肩・腰・膝が一直線」がきつい人への対処法についても説明。 また慣れてくると、動作が速くなりやすい。そうなると効果が期待できないので、4秒間かけて行うことを再度確認。

コラム

尿失禁（腹圧性尿失禁）

　自分の意に反して尿が漏れてしまう「尿失禁」。なかでも、30代以降の女性に比較的多くみられるのが、咳やクシャミ、スポーツ中、あるいは重い物を持ちあげたときに、尿が漏れてしまう「腹圧性尿失禁」です。

　「腹圧性尿失禁」の原因として、加齢や出産などによる骨盤底筋群の脆弱化をあげることができます。骨盤底筋群とは、膀胱、尿道、直腸、肛門、子宮と膣を支える筋肉の総称です。

骨盤底筋群を鍛えるには、「お尻あげ」の要領で、

- お尻をあげて、肩・腰・膝が一直線になるポジションに
- 息を吐きながら、5秒間、肛門を締めるように力を入れます
- 少し力を抜く
- 再び肛門を締めるように力を入れる

これを10回繰り返します。

ワンポイントアドバイス　膝の間に、折り畳んだバスタオルやクッションを挟むと、骨盤底筋群の収縮を意識しやすくなります。

ヒップアップ編

脚あげ

- ヒップアップに効果的
- お腹の引き締めに効果的
- 太もも裏側の引き締めに効果的
- 二の腕の引き締めに効果的

① エクササイズの方法　　左右10回ずつ×2セット

「1, 2, 3, 4」で右脚をあげる

声に出してカウントする

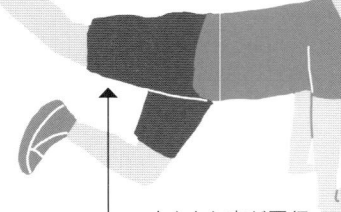

太ももと床が平行になるまであげる

「1, 2, 3, 4」で右脚をおろす

黙って

スタートポジション
❶ 両手両足をつく
❷ 左足のつま先を床からあげる

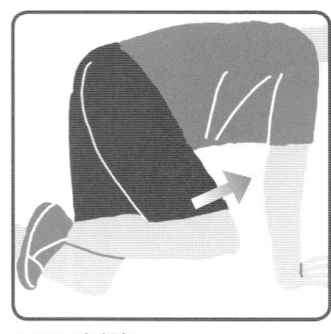

2回目以降
おろしてきた脚の膝を胸につけるイメージで引きつけていく

きつい場合
- 逆の脚のつま先はあげない。
- 脚をおろすとき、膝が床につく程度で、再びあげる（膝と胸をつけない）

余裕がある場合
- あげる脚と反対の腕をあげる（左脚と右腕、右脚と左腕）

CHECK LIST

膝を胸に引きつけたとき
- ☐ 膝が胸のほうに十分引きつけられている
- ☐ 上体が左右に傾いていない

脚をのばしたとき
- ☐ 太ももと床が平行
- ☐ 上体が左右に傾いていない

② FAQ　よくある質問とその答え

Q 動かさないほうの脚のつま先をあげると、カラダがぐらつきます

A 慣れてくると、ぐらつかないようになります。どうしてもぐらつく場合は、つま先は床につけたままで行うようにしてください。

Q 上体が傾いても良いですか？

A 上体は左右どちらにも傾かないように行います。腰のくぼみに大きなボールをのせている、それを落とさないような「イメージ」で行うと、傾かずにできるようになります。

Q 脚を水平まで持ちあげられません

A 臀部の筋力が弱い場合、脚を水平まで持ちあげることができません。そんなときは、可能な範囲で持ちあげるようにします。

Q 膝を十分に引きつけられません

A 腹筋（腸腰筋）が弱い場合、なかなか胸のほうまで膝を引きつけることができません（胸にピッタリつける必要はありません）。そんなときは、可能な範囲で引きつけるようにします。

Q 強度をより高めるためには？

A 右脚をあげるのと同時に、左腕をあげるようにします。こうすることで、肩、背中（脊柱起立筋）も併せて鍛えることができます。戻すときは、膝と肘をつけるようにします。

ヒップアップ編

③ 運動時の声かけの例

脚あげの声かけ

	声かけ
Step1	今から脚あげをやります。 この運動はヒップアップや太ももの裏側が気になる人、そしてお腹や二の腕の引き締めにも効果があります。 まず私の動きを見ててくださいね。 床に両手両足をつきます。そして、左足のつま先を床からあげます。 そして4秒間かけて、右脚をあげていきます。目安は、太ももと床が平行になるまで。それ以上、あげる必要はありません。 そして4秒間かけて戻します。戻すときは右膝を胸につけるようなつもりで、引きつけます。 あとは、これを繰り返すだけです。 効果をあげるポイントは「4秒間」、ゆっくりやることが大切です。
Step2	さぁ、では一緒にやってみましょう。 まずはスタートポジションです。 詳細は配布した資料に書いてますので、お家に帰って忘れたと思ったら見てください。 それでは、私の言う通り、一緒にやってみてくださいね。 床に両手両足をつきます。 そして、左足のつま先を床からあげます。 バランスが取れない人は、左足のつま先は床につけていても結構です。 これでスタートポジションはOKです。
Step3	では右脚を持ちあげていきましょう。 4秒間ですよ。 「1, 2, 3, 4」と数えながら。 いいですねぇ、4秒間って結構長いでしょ？ 次は4秒間かけて戻していきます。 戻すときは声を出さずに黙って。 このとき、右膝は床につけるのではなく、もう少し頑張って胸につける「感じ」で引きつけてください。 私だけ4秒数えますね。皆さんは黙って戻してください。
Step4	じゃ、もう1回やってみましょう。 右脚を持ちあげるとき、張り切ってたくさん持ちあげようとする人がいます。これは意味がないので、太ももと床が平行になる程度にします。これくらいで十分です。 「1, 2, 3, 4」カウントしながら、右脚を持ちあげていきましょう。ゆっくりですよ。 はい、では黙って戻していきましょう。 右膝を胸まで引きつけるつもりで。 私だけ数えますね。「1, 2, 3, 4」。 もう一度、今度は一緒に数えながら右脚を持ちあげましょう。「2, 2, 3, 4」。 太ももと床は平行に。 いいですねぇ。 カラダが左右にふらふらしてバランスが取りにくい人は、左足のつま先は床につけたままでOKです。 腰のくぼみに大きなボールをのせているイメージで。 はい、今度は黙って右脚を引きつけます。 右膝を胸まで引きつけるのがきつい人は、できる範囲でやってください。 あと呼吸はどうするか？ よく聞かれます。 皆さん、カウントしてもらいましたよね？ 右脚を持ちあげるときでした？ 戻すときでした？ そうです脚を持ち「あげる」ときに「1, 2, 3, 4」とカウントすれば、息を吐いてることになります。呼吸は「脚を持ちあげるときにカウントする」これだけでOKです。 いつ吸うか？ どこかで吸ってるから、毎回カウントすることができるのです。なので、いつ吸うかは気にしないでください。脚を持ちあげるときにカウントすることだけを忘れないように！！
Step5	ではもう一度。 まずはスタートポジション。 両手両足を床につけます。 左足のつま先は？ そうです。少し浮かしてください。 それでは右脚を持ちあげていきます。 ポイントは？ そうですね。「太ももと床が平行」になるまで持ちあげます。 それ以上あげても効果は変わりませんし、腰を痛める原因にもなるので気をつけてください。 きつい場合は、できる範囲で結構です。 カウントするのはどっち？ そうですね。右脚を持ち「あげる」ときですね。 では一緒に。「1, 2, 3, 4」。 いいですねぇ。 はい、次は黙って戻していきましょう。 私だけ数えますね。「1, 2, 3, 4」。 右膝を胸につけるつもりで。きつい人は、できる範囲で結構です。 2回目です。バランスが取りにくい場合は、左足のつま先は床につけておいたままにしていてください。 「2, 2, 3, 4」。 いいですね。 次に戻して、右膝を胸に引きつけます。 このときは、黙って4秒間。 (省略可：余裕がある人は、右脚をあげるときに、左腕も一緒にあげてみましょう。このとき腕も床と平行になるまであげます。ただ左足のつま先をあげていると、バランスが取りにくいので、左足のつま先は床につけて行うことをお勧めします。) これを10回繰り返します。 最初のうちはきついですが、1週間もしないうちにできるようになります。 なかには4秒間ではなく、2秒くらいで20回30回やる方がみえます。ちょっとやってみましょうか。楽にできるでしょ？ でもこれでは効果はまったく期待できません。 何のためにやるんでしょう？ そうです、結果を出すためですよね。だからゆっくり4秒かけてやるようにしてくださいね。

脚あげ

意図・実施上の注意点
【エクササイズの効果を説明】 ここで「やってみよう」と思わせるような効果効能の説明が重要。
【デモンストレーション】 最初から一緒にやるのではなく、まずはやってみせて、エクササイズの全体像を把握してもらう。
【スタートポジションの説明】 説明しながら、一緒にやっていく。 このとき、一気に説明するのではなく、「1つの動作を説明→やってもらう」というように、段階を踏みながら進める。
【一緒にやってみる】 1回目は右脚を持ちあげる、戻すだけの基本的動作のみ。きつい場合の対処法や呼吸などは、Step 4以降で順次説明。 1, 2で持ちあげて、3, 4はジッとしている人もいるので、4秒間かけて右脚を持ちあげているか確認する。
【課題を徐々に増やす】 次の課題、バランスが取りにくい場合、筋力が弱くて膝を胸まで引きつけられないときの対処法を説明し、何度か練習する。 呼吸についても説明。その際、一方的に説明するのではなく、質問して答えてもらいながら進めると、参加者も集中力が続くし、記憶にも残りやすい。
【最初から復習】 スタートポジションをこちらから再度説明するのではなく、「つま先は?」「膝は?」と問いかけ、答えてもらうことで、知識の定着を促す。 動作についても、同じ方法で説明。 カラダが左右にふらふらしてバランスが取りにくい、筋力が弱くて膝が胸につくほど引きつけられない人への対処法についても説明。 また慣れてくると、動作が速くなりやすい。そうなると効果が期待できないので、4秒間かけて行うことを再度確認。

コラム

デパートは格好の筋トレ場所

デパートで筋力トレーニングといっても、いきなり売り場でスクワットをするわけではありません。階段を使って下半身を鍛えるのです。お勧めの方法は、まず上りは階段を使って可能な限り上の階まで行きます。これで太もも、そして臀部の筋肉が鍛えられます(「階段上りは、太ももの引き締めやヒップアップに効果的です」と説明してあげましょう)。そして、下りはエスカレーターで降りながら、気に入ったフロアで買い物をするようお勧めしています。

上りと下りが逆のように思われるかもしれませんが、下りは階段を踏み外して転げ落ちる危険性があるだけでなく、着地するときに膝関節により大きな負担がかかるので、特に肥満や過体重の方、変形性膝関節症や股関節症の方は、エスカレーターを使って降りてもらっています。

ボールの膨らませ方

本書で紹介しているボールを使ったエクササイズは、自宅でも手軽にできることもあって、高齢者からも好評です。しかし、「ボールをふくらませるのが難しい」と言われることがあるので、できれば教室で膨らませたうえで家に持ち帰ってもらうようにしたほうが良いでしょう。

ボールに入れる空気の量

ボールは、めいっぱい空気を入れた状態よりも、8割程度にして押しつぶしやすい状態にします。逆に空気が少なすぎるのもよくありません。ボールを腰の高さから床に落としたときに弾まないのは、空気が少なすぎます。

ボールの安全性

エクササイズ用と謳ったボールの多くは、破裂しにくい素材が使われています。仮に穴があいても、風船のように一気に破裂することはなく、徐々に空気が抜けるようになっており、安全性に配慮されています。エクササイズ用には、スポーツ店で販売されているものを購入するようにしてください。

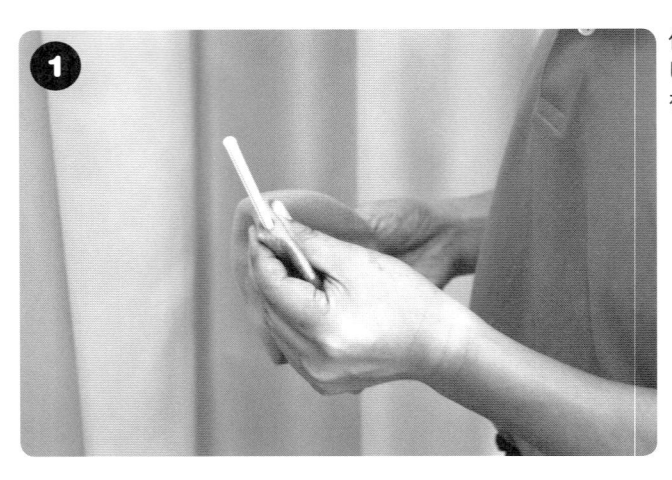

付属のストローを刺し、左手で穴の周囲を押さえます。

❷ ボールを膨らませます。空気が抜けることを見越して、少し大きめに膨らませます。

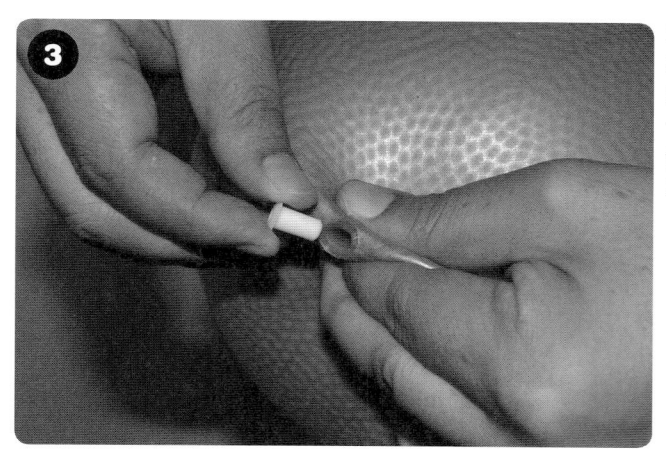

❸ ストローを抜いて、素早く栓をします。このとき、穴の周りをつまむようにして、空気が抜けないようにします。

メモ

空気の入れ具合
右側は空気が少なすぎる状態。

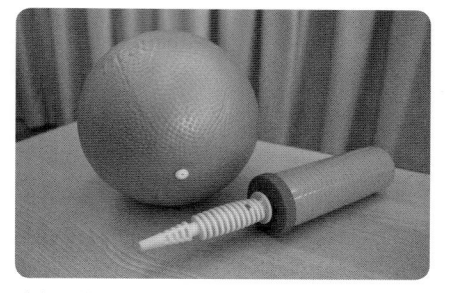

空気入れ
ボールを大量に使う場合は、空気入れが便利。

実践編

第6章 継続のコツ

学習目標
1. ゴールシートを使うことができるようになる。
2. 記録表を使って、継続を支援できるようになる。
3. 継続を促す機会を、企画できるようになる。

6.1 3つのポイント

さて、筋トレ教室の当日、いくら好感触を得ても、参加者が自ら継続してくれなければ、効果は期待できません。

運動と食事が大事だとわかり、適切な筋力トレーニングの仕方を覚えても、三日坊主では結果が出ないのです。

かといって、根性だけで続くほど甘いものでもありません。むしろ気合いや根性だけで続けよう、頑張ろうという人は、ほとんどの場合、挫折しています。一時的に効果が出たとしても、その後リバウンドしています。それほど行動を変えることは難しいのです。

ではどうやったら継続して結果を出すことができるのか？

筆者の教室では、最初に3つのことから始めます。
　（1）目標をたてる（ゴールの設定）
　（2）日々の課題は物足りない程度におさえる
　（3）仲間をつくる（ひとりにさせない）

（1）目標をたてる（ゴールの設定）
ゴール（目標）は、今後の道しるべになるだけでなく、継続の原動力やつらくなったときに励ましてくれる心強い存在です。ですから「よそ行き」のゴールではなく、心底「**自分がなりたい!!**」とワクワクするゴールを設定すること

が大切です。

筆者は、
(1) こんなカラダに「なりたい」
(2) そんなカラダになって、こんなこと「したい」
の2つを設定しもらっています。

しかし、ほとんどの方は、ゴールを設定するのが苦手です。「ワクワクするゴール」と言われると、なおさら深く考え込んでしまいます。そこで筆者は、9つのマスを使ってゴールを設定するようにしています（図6.1、6.2）。

たとえば（1）のこんなカラダに「なりたい」では、文章ではなく単語やキーワードを書き込んでもらいます。その場で8つすべてを埋めるのは大変なので、自宅に戻って捻り出してもらうようにしています。

よく「頭の中でわかっているから、わざわざ書き出さなくても良いのでは？」という質問をいただきます。しかし、それはあくまで頭の中でわかった「つもり」です。書き出すことで、改めてわかること、認識できることもあるので、筆者は書き出すことをお勧めしています。

そして書き出したら終わりではなく、**そのゴールを毎日繰り返し見てもらう**ようにします。何度もゴールを見返すことで、最初は達成できないかもと思っ

図6.1　ゴールシートの例1（こんなカラダに「なりたい」／そんなカラダになって、こんなこと「したい」）

自由に歩けるようになりたい（平地）	20分以上しゃがむことができるようになりたい	正座ができるようになりたい
新聞が気楽に読めるようになりたい	**こんなカラダになりたい**	簡単な農作業ができるようになりたい
車の運転ができるようになりたい	山林を歩き回ることができるようになりたい	大きな声でしゃべってみたい

あなたの「なりたい自分」「理想のカラダ」は？
左のマスに書いた内容を参考に、自分の言葉で書いてください。

老齢化で次々に失われていく機能、損っていく機能を医学の力で取り戻してはいるが、いまだ完全ではなく、さらに元に戻すべく日常生活の中で努力していく必要がある。少しでも障害をやわらげる努力こそ必要であるし、それが可能であると信じている自分である。

宇宙旅行をしてみたい	妻と一緒に世界旅行をしてみたい	ボランティア活動をしたい
家の周りを美しい花で満たしたい	**そんなカラダになって、こんなことしたい**	豊かな野菜を作ってみたい
もう一度教師になって、教育改革に取り組みたい	竹野町をもっと住みやすい、よい町にしたい	趣味の写真にもっと打ちこみたい

「なりたい自分」「理想のカラダ」を手に入れたとき、何をしてみたいですか？
左のマスに書いた内容を参考に、自分の言葉で書いてください。

「理想のからだ」を手に入れたとき、夢は広がる。楽しい夢、果たすことができなかった夢がそこにある。来世に託そう。

図6.2 ゴールシートの例2（こんなカラダに「なりたい」／そんなカラダになって、こんなこと「したい」）

血糖値が下がりますように	健康になりたい	足の重みがとれますように
腰痛を出さぬように	**こんなカラダになりたい**	下腹が小さくなるように
認知症にならないように	脳梗塞に気をつけるように	体重が下がりますように

元気になって旅行に行きたい	元気になって仕事がしたい	年をとっても元気で、友だちと話し合いたい
元気になったら体操ができる	**そんなカラダになって、こんなことしたい**	毎週1回の体操が楽しみです
歩くこともうれしい	始まったばかりだが、3年間元気でいたい	元気で81歳まで頑張ります

ていたゴールも、そのうち自分のゴールとして受け入れられるようになり、自分でもできる「かも」と思えるようになります。

　継続をして、結果を出すことができた参加者の多くは、「最初は照れくさかったけど、ゴールシートが良かった。あれで自分も頑張ろう!!　自分でもできると思えるようになった」とおっしゃいます。

　ゴールシートは継続に有効なだけではありません。我々にとっても、文章で書かれたゴールに比べて一目で判読できますし、要点だけが抽出されているので、支援がしやすくなります。そのためゴールシートをコピーしたり、デジカメで撮影して私たちの手元にも置いて、常に支援に役立てています。

　また、余裕がある場合は、9つのマスに埋めた内容を文章にまとめてもらうこともしています（**図6.1**）。ただし、文章にまとめる作業は大変なので必須ではありません。

（2）日々の課題は、物足りない程度におさえる

　私たちはついつい欲張って、あれもやろう、これもやろうと思いがちです。早く結果を出したいと思う人ほど、その傾向は強いものです。もちろん、続けられるのなら何の問題もありませんが、多くの場合途中で挫折してしまいます。

　継続するコツとして、日々の課題を「ちょっと物足りないかな」、「これなら

できそう」と思える程度にし、数も3つ程度に絞りこみ、それを確実に実行するようにします。

(3) 仲間をつくる（ひとりにさせない）

運動にしても食事にしても、ひとりではなかなか実行できないので、家族や友達と一緒にやるようにします。

運動に関しては
- お友達と集まってDVDを見ながら、
- 配偶者に筋力トレーニングを紹介して、お互いフォームをチェックしながら一緒にやる

という方は比較的継続しています。

また仲間がいると「負けられない」と、良い意味で競争意識が芽生え、継続しやすくなります。過度な競争を「あおる」ことはお勧めできませんが、筆者の教室では記録表（**表6.1**、**表6.2**）を見せ合ったり、定期的に「私の成果発表会」（**図6.3**）を開催して、同じ教室に参加している仲間の成果から刺激を受けられるよう工夫しています。

図6.3 成果発表会

表6.1　週間記録表

今週の目標

月曜日に測定！　腹囲 ___ cm　体重 ___ kg　体脂肪率 ___ %

日　付	/	/	/	/	/	/	/
曜　日	月	火	水	木	金	土	日
エクササイズ　スクワット							
エクササイズ　膝あげ							
エクササイズ　ボールつぶし							
エクササイズ　ウォーキング	歩	歩	歩	歩	歩	歩	歩
食生活　和食							
食生活　よく噛む							
食生活　至福の間食							
感想＆メモ							

記録の例
0セット
1セット
2セット
3以上

◎ 絶好調
○ ふつう
△ イマイチ
× よくない

表6.2　月間記録表

平成　　年　　月

氏名　　　　　　　

目標

月	火	水	木	金	土	日
日	日	日	日	日	日	日
日	日	日	日	日	日	日
日	日	日	日	日	日	日
日	日	日	日	日	日	日
日	日	日	日	日	日	日

目標の達成度に応じて、◎、○、△、×を記入しましょう。

　　月　　日　　体重　　　　kg　　体脂肪率　　　　%

運動を続けるコツは、記録することです。

第6章　継続のコツ

6.1 ● 3つのポイント

MEMO

参考文献

都竹茂樹：『患者が自分でできる運動療法―筋力トレーニング―』、月刊地域医学 12：1129-34、2012.

都竹茂樹、梶岡多恵子：『結果を出す特定保健指導―その気にさせるアプローチ』、日経メディカル開発、2008.

都竹茂樹、梶岡多恵子：『あと5センチひっこめろ！』、ディスカバー、2006.

都竹茂樹：『高齢者のスポーツ指導者読本―実践！レジスタンストレーニング』、ぎょうせい、1999.

石田岳史、佐藤真治、中貝宗治、都竹茂樹、大槻伸吾：『医・産・官・学連携による地域包括的リハビリテーション』、心臓リハビリテーション 18：13-5、2013.

索引

数字・欧文

10m 歩行能力テスト	32
3ステップ（フォームの指導）	61
5W2H＋E	20
4秒ゆっくり筋トレ	66
9つのマス（ゴールシート）	105
ADL	2
E＋P＋V＋C	36、40
HbA$_{1c}$	29
TUG テスト	31

あ行

アイコンタクト	40
あがる・つぶすの法則	62
脚あげ（4秒ゆっくり筋トレ）	98
アメリカ心臓協会	65
「う・あ・は」（うなづき・あいづち・はんぷく）	60
ウォーキング	13
内ももの運動（4秒ゆっくり筋トレ）	82
エコノミークラス症候群	6
お尻あげ（4秒ゆっくり筋トレ）	94
音楽	89

か行

回数（筋力トレーニングの）	64
間食	58
関節痛	4、81
基礎代謝	3
教室の名称	24
記録表	107
月間――	109
週間――	108
筋トレ教室の計画と準備	20
筋力トレーニング	iii
――の安全性	65
筋肉痛	81
筋肉量	2
果物	59
クッション	12
グループワーク	60
血液・尿検査	29
講義	36
声と話し方	41
ゴールシート	104
ゴールの設定	104
呼吸法	62
骨盤	3
骨盤底筋群	97

さ行

サルコペニア	iii、2、48
姿勢	3、41
自体重	12
質問の機会をいかす	43
身長	11
心電図	30
スクワット（4秒ゆっくり筋トレ）	70

スタートポジション 62
ストレッチ 85
「スライド」作り1　運動編 44
「スライド」作り2　食事編 54
生活習慣病 .... 3、4、12、54、58
全身写真 34

た行

体幹 .... 3、4、77
体型 3
体力テスト 30
小さなボール（負荷） 12
チェックリスト 28
超回復理論 64
腸腰筋 .... 3、75、91
チラシ 24
適切なフォーム 61
転倒 .... 4、31、74、91
動作とリズム 62
糖尿病 .... 3、14、28、29

な行

仲間 107
日常生活に関する質問紙 34
尿失禁 97

は行

膝あげ（4秒ゆっくり筋トレ） 74

膝のばし（4秒ゆっくり筋トレ） 90
評価 27
頻度 64
太もも裏の運動（4秒ゆっくり筋トレ） 86
プレゼンテーション 36
プレゼンテーションのチェックリスト 43
プログラム例 68
ペットボトル 12
変形性股関節症 .... 21、101
変形性膝関節症 12
ボールつぶし（4秒ゆっくり筋トレ） 78
ボールの膨らませ方 102

ま行

マシン 12
明確さ（メッセージの） 42
メディカルチェック 27

や行・ら行・わ行

よく噛む 56
リバウンド 104
レジスタンストレーニング 12
和食 55

著者紹介

都竹 茂樹（つづく しげき）

- 1991年　高知医科大学医学部医学科卒業
- 1995年　名古屋大学大学院医学研究科健康増進科学専攻
　　　　博士課程修了
- 2006年　ハーバード大学公衆衛生大学院 修士課程修了
- 現　在　熊本大学 教授システム学研究センター・教授，医師，医学博士，公衆衛生学修士
　　　　専門は，ヘルスプロモーション，トレーニング科学，教育工学

【DVD 制作スタッフ】

出演／都竹茂樹
撮影・映像編集／アークベル株式会社
（DVD は熊本大学学術出版助成制度を利用して制作）

NDC 780　124p　26 cm

DVD 付き
高齢者の筋力トレーニング
―安全に楽しく行うための指導者向け実践ガイド―

2013 年 10 月 10 日　第 1 刷発行
2021 年 4 月 22 日　第 10 刷発行

著　者	都竹茂樹
発行者	髙橋明男
発行所	株式会社　講談社
	〒112-8001　東京都文京区音羽 2-12-21
	販　売　(03)5395-4415
	業　務　(03)5395-3615
編　集	株式会社　講談社サイエンティフィク
	代表　堀越俊一
	〒162-0825　東京都新宿区神楽坂 2-14　ノービィビル
	編　集　(03)3235-3701
印刷所	株式会社双文社印刷
DVDプレス	株式会社平河工業社
製本所	株式会社国宝社

落丁本・乱丁本は，購入書店名を明記のうえ，講談社業務宛にお送り下さい．送料小社負担にてお取替えします．なお，この本の内容についてのお問い合わせは講談社サイエンティフィク宛にお願いいたします．
価格はカバーに表示してあります．

© Shigeki Tsuzuku, 2013

本書のコピー，スキャン，デジタル化等の無断複製は著作権法上での例外を除き禁じられています．本書を代行業者等の第三者に依頼してスキャンやデジタル化することはたとえ個人や家庭内の利用でも著作権法違反です．

[JCOPY] 〈(社)出版者著作権管理機構 委託出版物〉
複写される場合は，その都度事前に(社)出版者著作権管理機構(電話 03-5244-5088, FAX 03-5244-5089, e-mail : info@jcopy.or.jp)の許諾を得て下さい．

Printed in Japan

ISBN978-4-06-280660-2

講談社の自然科学書

コアコンディショニングとコアセラピー

平沼 憲治／岩﨑 由純・監修
蒲田 和芳／渡辺 なおみ・編
日本コアコンディショニング協会・協力　　B5・254頁・定価4,620円

コアコンディショニングの体系的理解。体幹部の骨格・筋肉のゆがみをとるコアコンディショニング。科学的・医学的理論と実践例を紹介。選手や一般向けだけでなく、介護予防向けのプログラムも紹介。

リアライン・トレーニング
〈体幹・股関節編〉
関節のゆがみ・骨の配列を整える最新理論
蒲田 和芳・著
B5・174頁・定価3,960円

新たなリハビリテーション理論「リアライン・コンセプト」に基づくトレーニング法。関節のアライメントや動きの異常の見極め方、その歪みを解消する方法を写真を多用して解説。ゆがみを解消することで、パフォーマンスが向上する。2色刷。

認知症の人もいっしょにできる高齢者レクリエーション
尾渡 順子・著　　B5・128頁・定価2,200円

認知症の人も楽しく参加できるレクリエーションを多数紹介。手足と頭をつかい、症状の改善も促します。事前の用意も簡単です。利用者の方のご家族にも大好評。

もっとなっとく 使えるスポーツサイエンス
征矢 英昭／本山 貢／石井 好二郎・編
A5・203頁・定価2,200円

『新版　これでなっとく使えるスポーツサイエンス』の全面リニューアル版！カラー化し、Qの項目を一新。最新の理論をわかりやすく解説。トレーニングに、試合に、健康に、役立つ知識が満載。現場で出会う疑問に最新理論で答える。

健康・運動の科学
介護と生活習慣病予防のための運動処方
田口 貞善・監修　小野寺 孝一／山崎 先也／村田 伸／中澤 公孝・編　　B5・199頁・定価2,420円

運動処方の基礎理論から対象別（生活習慣病予防、高齢者の転倒予防、認知症予防、骨粗鬆症予防）の応用例、運動指導の実際まで具体的に解説。さらに運動効果の最新のエビデンスを紹介。「健康運動」「運動処方」の教科書にも最適。

新版　乳酸を活かしたスポーツトレーニング
八田 秀雄・著　　A5・156頁・定価2,090円

最新知見のカラー改訂版。乳酸を切り口に、運動時の生体内のメカニズムを基礎からやさしく説明。血中乳酸濃度測定のノウハウ、各競技の活用事例も紹介。

スポーツカウンセリング入門
内田 直・著　　A5・134頁・定価2,420円

選手の心を支えるために。臨床心理学の基礎から、カウンセリング技法、スポーツに特有の背景などを、わかりやすく説明する。

好きになる解剖学 Part3
自分の体のランドマークを確認してみよう
竹内 修二・著　　A5・215頁・定価2,420円

見開き構成。解剖図もカラーになって、よりわかりやすい。体表に触れ、からだを動かしながら、筋肉や骨などの位置や機能を勉強しよう。内臓や神経、血管などの位置も実感できる。

これからの健康とスポーツの科学　第5版
安部 孝／琉子 友男・編
B5・208頁・定価2,640円

一般教養の体育の教科書。各種データを更新し、サルコペニアなど話題のテーマも取り上げた。生活習慣病、運動の効果、筋力トレーニングのメカニズム、骨粗鬆症、ストレスへの対応など。2色刷。

好きになる栄養学　第3版
食生活の大切さを見直そう
麻見 直美／塚原 典子・著　　A5・256頁・定価2,420円

身近な話題をテーマに、栄養学をやさしく学べる。生化学の知識がなくてもらくらく理解。献立作成、ライフステージ別食生活、スポーツ栄養まで学べる入門書。フルカラー。

※表示価格は税込み価格（税10％）です。

（2021年3月現在）

講談社サイエンティフィク　https://www.kspub.co.jp/